Mai-juin 1940 :
les causes de la défaite

MON POCHE
14 avenue des Droits de l'Homme – 45000 Orléans

Dominique Lormier

Mai-juin 1940 : les causes de la défaite

MONPOCHE

Introduction

La défaite française de mai-juin 1940 a marqué les esprits par son ampleur et sa rapidité. Ce sujet est resté tabou pendant longtemps, comme un secret de famille honteux, le « roman national » gaullien ayant préféré mettre en avant la Résistance intérieure, la France libre, les épisodes glorieux de la Libération et de la défaite allemande.

Les politiques français ont cherché des boucs émissaires chez certains chefs militaires qui, de leur côté, ont répliqué en accusant divers ministres d'incompétence et la troupe de manque de combativité. L'historiographie anglo-américaine, souvent francophobe, se complaît dans un dénigrement systématique du soldat français de 1940, coupable de tous les maux, mais passe sous silence les manquements du commandement britannique à l'égard de leur allié français, comme notamment la décision de rembarquer son corps expéditionnaire sans prévenir et sans prévoir d'autres possibilités. Les Belges tentent de faire oublier leurs négligences dans leurs systèmes défensifs, notamment dans les Ardennes et sur la Meuse, en accusant la France d'être intervenue sans conviction. Nous pourrions multiplier les exemples de ces accusations visant à faire oublier les fautes des uns et des autres.

La politique étrangère française, calquée sur celle de la Grande-Bretagne, s'aveugle dans un pacifisme béat, refusant de voir les dangers grandissants du réarmement allemand. Traumatisée par ses 1 400 000 soldats tués en 1914-1918, la France se rassure en fortifiant sa frontière de l'est, avec la ligne Maginot, devant empêcher toute offensive surprise de la Wehrmacht et permettre la mobilisation des troupes tricolores en toute sécurité. Le commandement français s'enferme dans une guerre défensive, limitant les chars à des opérations de colmatage ou à des missions de couverture devant faciliter l'installation de l'infanterie. Avant l'offensive allemande de mai 1940, le commandement et les politiques britanniques admirent l'armée française, qu'ils jugent la plus puissante du monde : seul Winston Churchill, clairvoyant et bien renseigné, estime qu'elle ne pourra pas résister plus d'un mois à la puissante machine de guerre allemande.

En bref, depuis des décennies, les pays alliés, engagés dans cette campagne de mai-juin 1940, cherchent des boucs émissaires chez les autres pour se dédouaner de leurs propres insuffisances et faire oublier leurs erreurs.

La juste compréhension des causes de la défaite de mai-juin 1940 doit être examinée et présentée sous un angle panoramique, sans sectarisme idéologique, sans chauvinisme réducteur et sans anachronismes, en remontant également aux origines lointaines.

Cet ouvrage, reposant sur des archives et des témoignages souvent inédits, offre un tour d'horizon complet, vivant et détaillé des causes de cet événement majeur de l'histoire du XXe siècle.

1

Les occasions manquées

En octobre 1918, l'armée française, première puissance militaire alliée du moment avec ses 110 divisions, prépare une puissante offensive en Lorraine, devant permettre l'invasion de l'Allemagne. Depuis la mi-juillet 1918, marquée par la seconde victoire française de la Marne, l'armée allemande est désormais réduite à la défensive, avec ses 190 divisions en partie décimées, après les échecs de ses offensives de mars à juillet 1918, où chaque fois l'armée française rétablit la situation, notamment en secourant avec 40 divisions ses alliés britanniques enfoncés en Picardie (mars 1918) et dans les Flandres (avril 1918). De mai à juillet, c'est l'armée française, quasiment seule, qui contient les puissantes offensives allemandes en Champagne et sur la Marne. La 1re armée américaine, forte seulement de 16 divisions dont seulement 8 ayant l'expérience du combat, n'est constituée seulement qu'en août 1918 et n'entre réellement en action qu'en septembre : le mythe du sauveur américain va avoir la vie longue. En réalité, le sort de la guerre a basculé avec les échecs des offensives allemandes de mars à juillet 1918, ainsi que grâce à la seconde victoire française de la Marne à la mi-juillet, remportée par 63 divisions françaises, 2 divisions italiennes, 2 divisions britanniques et 6 divisions américaines. L'apport militaire français a donc été décisif.

Le 26 août 1918, la 1re armée américaine, instruite par des officiers français et entièrement équipée en armement lourd français, se voit attribuer le secteur de Saint-Mihiel, représentant 50 kilomètres de front, alors qu'au même moment 110 divisions françaises tiennent 600 kilomètres de front, 62 divisions britanniques et 14 divisions belges 200 kilomètres.

La bataille du saillant de Saint-Mihiel (12-15 septembre 1918), marquée par l'engagement de 11 divisions américaines et 4 divisions françaises, est saluée durant des décennies de propagande comme un triomphe américain, ayant renversé le cours de la guerre : une véritable imposture.

Cette offensive débute en réalité dans le vide, devant 13 divisions allemandes en pleine retraite sur une seconde position fortifiée. La progression se limite à 30 kilomètres et se heurte très vite à la seconde ligne de résistance. Ailleurs, depuis la mi-août et jusqu'au 11 novembre 1918, les troupes françaises, britanniques et belges progressent de 60 à 200 kilomètres dans les lignes allemandes.

L'offensive Meuse-Argonne (26 septembre-11 novembre 1918), avec seulement 16 divisions américaines et surtout 37 divisions françaises, connaît une progression de 70 kilomètres, grâce à l'expérience des troupes françaises sur le terrain, car le commandement américain, totalement inexpérimenté, se montre incapable de ravitailler à temps ses soldats du fait d'une logistique défaillante : ses fantassins piétinent dans les pires conditions et sont souvent stoppés par quelques mitrailleuses allemandes.

En novembre 1918, l'armée allemande se trouve reconduite à sa frontière d'août 1914 avec la France. Le général Pétain, commandant en chef de l'armée française, compte porter le coup de grâce en Lorraine, où deux armées françaises doivent pénétrer en territoire allemand afin de mettre fin au conflit par une victoire décisive en territoire ennemi. Mais le général français Foch (commandant en chef des troupes alliées du front occidental), influencé par les politiques et les chefs militaires britanniques et américains qui veulent en finir au plus vite, sans assister à un triomphe militaire uniquement français, décide d'annuler cette offensive, qui aurait pourtant contribué à une victoire définitive. En effet, le commandement allemand fait croire à son peuple que l'armistice du 11 novembre 1918 n'est en rien une défaite militaire, mais un simple arrêt temporaire des hostilités, puisque le territoire du Reich n'est pas occupé par les troupes alliées. Hitler va se servir de cet argument fallacieux pour dénigrer la victoire des Alliés de 1918, pourtant réelle sur le terrain avec un recul des forces allemandes de 200 kilomètres par endroits. Cependant, pour le commandement allemand – Hitler et ses sbires –, la non-invasion du territoire du Reich souligne « l'imposture » de la victoire des Alliés. Ainsi, par jalousie, les commandements et les politiques britanniques et américains sabotent la victoire française et offrent, sans le savoir, des arguments et des garanties à l'adversaire. Les industriels américains et britanniques comptent investir en Allemagne après la guerre. Il convient donc de limiter la victoire française et de ne pas trop humilier les futurs partenaires allemands.

L'historiographie anglo-américaine présente l'armée française de 1918 comme une force au bord du gouffre, démoralisée et sauvée *in extremis* par les renforts américains et britanniques : rien n'est plus faux. En réalité, loin d'être affaiblie, l'armée française de 1918 se trouve à son zénith, comme l'écrivent à juste titre le colonel Michel Goya et Pierre Grumberg :

> Appuyée par une industrie inventive et productive, commandée par des chefs novateurs, motorisée en masse, l'armée française de 1918 n'a rien de commun avec l'outil statique de 1916. Après avoir soutenu victorieusement – et en infériorité numérique – un ultime choc allemand, les offensives répétées, inventées par Pétain et Foch, écrasent l'appareil militaire allemand en quatre mois. Jamais depuis Austerlitz et Iéna les armées françaises n'avaient atteint un tel niveau [...]. Le 11 novembre 1918, la France n'est pas seulement l'une des puissantes alliées victorieuses. Elle peut revendiquer la meilleure armée du monde : la mieux équipée, la plus novatrice, la mieux soignée. Elle possède un commandement et des compétences qui n'ont rien à envier

aux Allemands. Et c'est à elle-même qu'elle doit son succès[1].

En novembre 1918, avec ses 110 divisions, ses 13 200 pièces d'artillerie, ses 2 300 chars et ses 3 600 avions, l'armée française surpasse en nombre l'armée britannique (62 divisions, 8 700 pièces d'artillerie, 610 chars et 1 700 avions) et l'armée américaine (16 divisions, 3 556 pièces d'artillerie, 90 chars et 740 avions). Nous sommes loin d'une armée française au bord du gouffre.

Par ailleurs, l'allié militaire italien, injustement méprisé par l'historiographie française et surtout anglo-américaine, joue un rôle considérable dans la défaite des puissances allemande et austro-hongroise. Luttant sur un front alpin de plus de 600 kilomètres, dans les pires conditions climatiques et topographiques, avec certains sommets dépassant 3 500 mètres d'altitude, la très courageuse armée italienne, forte d'une cinquantaine de divisions, fixe une soixantaine de divisions austro-hongroises et remporte finalement l'éclatante victoire de Vittorio Veneto en octobre 1918, en capturant 430 000 soldats austro-hongrois. Depuis 1915, l'armée italienne a livré de terribles batailles dans les Dolomites et le Trentin, sur l'Isonzo et le Carso, puis sur le Piave. En parvenant à vaincre quasiment seule le plus puissant allié de l'Allemagne, à savoir l'Autriche-Hongrie, l'Italie contraint l'Allemagne à demander au plus vite un armistice sur le front

1. *Colonel Michel Goya et Pierre Grumberg, « 1918, l'armée française à son zénith »,* Guerres & Histoire, *n° 5, 2012.*

occidental : en effet, désormais seule, l'armée allemande, en infériorité numérique en octobre 1918, ne peut se permettre d'ouvrir un second front au sud de l'Allemagne contre l'armée italienne, laquelle se trouve en mesure de traverser librement l'Autriche et d'atteindre les Alpes bavaroises. Mais l'apport capital de l'Italie est volontairement oublié par ses alliés lors du traité de Versailles en 1919, lequel lui octroie seulement les territoires déjà conquis du Trentin et de l'Istrie. La promesse du traité de Londres d'avril 1915 de lui offrir également la Dalmatie est oubliée.

Les États-Unis et son président Wilson, bien qu'ayant joué un rôle modeste et non décisif dans la victoire des Alliés en 1918, semblent vouloir déjà régenter les destinées de l'Europe, avec une Grande-Bretagne totalement acquise à leur cause et une France incapable de faire fructifier les acquis indéniables et décisifs de sa victoire. Clemenceau, le chef du gouvernement français, ampute plusieurs parties du territoire allemand au bénéfice de la Pologne et de la Tchécoslovaquie, causes de tensions futures avec l'Allemagne, et fait éclater l'Empire austro-hongrois, afin de créer un État totalement artificiel qu'est la Yougoslavie, qui résistera seulement une semaine à l'invasion de l'Axe en avril 1941 et éclatera en guerre civile séparatiste durant les années 1990.

L'occasion manquée de porter la guerre en territoire allemand en novembre 1918, par une puissante offensive française en Lorraine, l'occasion manquée d'accorder une juste rétribution à l'allié italien, afin de conserver avec ce pays une solide alliance militaire qui a joué un rôle déterminant dans la défaite des puissances centrales (Autriche-Hongrie et Allemagne), l'occasion manquée de limiter les pertes territoriales allemandes, afin de préparer une future réconciliation franco-allemande, l'occasion manquée d'éviter le démembrement injustifié de l'Empire austro-hongrois, facteur d'équilibre en Europe, sont autant de motifs décisifs d'un conflit futur en Europe. Hitler est bien « né en grande partie » à Versailles.

*
* *

Le traité de Versailles, imposé par les Alliés à l'Allemagne, est signé en juin 1919. L'humiliation est totale pour l'Allemagne, qui perd 70 000 km² de son territoire et 7 millions de ses habitants. Plusieurs cantons reviennent à la Belgique. L'Alsace et la Lorraine sont reprises à juste titre par la France. Le Slevig redevient danois, alors que le Danemark n'est pas intervenu dans le conflit. La jeune Pologne s'octroie la Posnanie et une partie de la Prusse-Orientale. Un corridor sépare la Prusse du reste du pays. La Haute-Silésie doit être partagée. La riche région d'Ulcin est attribuée aux Tchèques et le port de Memel à la Lituanie. Toutes les colonies allemandes tombent aux mains des vainqueurs. La Rhénanie est démilitarisée. Les Alliés occupent, sur la rive gauche du Rhin, trois têtes de pont pendant plusieurs années. La Sarre est détachée du Reich pour quinze ans. L'armée allemande est réduite à 100 000 hommes, dépourvus en grande partie d'armement lourd. L'Allemagne doit verser

20 milliards de marks-or aux Alliés. Beaucoup d'officiers et de soldats allemands, qui s'estiment invaincus, parlent de trahison.

En septembre 1919, Adolf Hitler, caporal de 30 ans et ancien combattant désabusé, prend la parole lors d'une réunion politique à Munich, devant un groupuscule d'extrémistes nationalistes : il fustige le traité de Versailles et estime que l'Allemagne n'a pas été vaincue militairement, les offensives alliées n'ayant pas pénétré en territoire allemand. On en revient à l'offensive française en Lorraine de novembre 1918, annulée à la demande des Alliés anglo-américains. Malgré les 1 400 000 soldats français et 780 000 soldats italiens tués durant la Première Guerre mondiale, les 776 000 soldats britanniques et 116 000 soldats américains tombés durant ce conflit comptent davantage dans les choix militaires et politiques désastreux des Alliés. Et la descente aux enfers va se poursuivre durant l'entre-deux-guerres, avec de nouvelles occasions manquées.

En mars 1921, devant le refus du gouvernement allemand de régler la dette de guerre, payable pourtant en 42 annuités, les troupes françaises, belges et britanniques occupent le bassin industriel de l'Allemagne, la Ruhr, Düsseldorf et Duisbourg. Puis, finalement, sous la pression des Britanniques, soucieux de s'entendre avec l'Allemagne, la Ruhr est évacuée. Cependant, en janvier 1923, plusieurs régiments français et belges pénètrent de nouveau dans les villes industrielles de la Ruhr, afin de prendre le charbon que Berlin n'a pas livré aux Alliés. En décembre 1923, le chancelier allemand Gustav

Stresemann abandonne la campagne de résistance passive dans la Ruhr et reprend le versement des réparations de guerre. Les gouvernements britannique et américain, qui investissent en Allemagne, poussent la France à évacuer la Ruhr. Les industriels allemands, bénéficiant de très nombreux prêts accordés facilement par les États-Unis et la Grande-Bretagne, sabotent les exigences françaises.

En octobre 1925, le traité de Locarno, qui garantit les frontières en Europe, semble en apparence réconcilier l'Allemagne avec ses anciens ennemis. Berlin obtient la promesse de l'évacuation de la zone de Cologne et doit faire son entrée à la SDN (Société des nations) dès 1926. De son côté, le Reich reconnaît la frontière de la France. Mais, en avril 1926, un accord secret signé entre Berlin et Moscou permet un réarmement clandestin de l'Allemagne, totalement contraire au traité de Versailles. Dès août 1928, l'armée allemande s'entraîne secrètement en Russie soviétique. Les soldats allemands testent l'équipement motorisé lors de manœuvres avec l'Armée rouge. Des avions civils peuvent être rapidement transformés en appareils de combat. Des tracteurs sont recouverts de plaques de blindage et vite armés de mitrailleuses ou de canons légers. Le général allemand von Blomberg se rend très souvent à Moscou. Ainsi, avant même l'accession au pouvoir d'Adolf Hitler en 1933, l'armée allemande enfreint à grande échelle les clauses du traité de Versailles, préparant déjà sa revanche. En décembre 1930, un plan secret de transformation de l'armée allemande doit permettre de porter rapidement les effectifs de 7 à 21 divisions, soit de

100 000 à 300 000 hommes. Une armée de frontière, composée d'organisations parallèles à l'armée de terre (police, corps francs, douaniers), peut aussi renforcer les effectifs, évalués à 34 divisions (320 000 hommes). En cas de conflit, l'Allemagne est donc en mesure d'aligner 620 000 hommes, articulés en 55 divisions, l'artillerie passant de 288 à 1 728 canons et de 288 à 1 188 mortiers.

Le général allemand von Schleicher prépare, avec une grande efficacité, le réarmement clandestin du Reich. De nombreuses unités sont équipées de matériel interdit par le traité de Versailles : artillerie lourde, canons antichars et antiaériens, bataillons de chars. Des dépôts sont cachés dans les forêts. Des avions civils sont fabriqués, transformables en une semaine en chasseurs de combat. De son côté, le général allemand von Seeckt fait mettre au point du matériel que l'industrie devra rapidement réaliser en série. Il développe la fabrication de divers prototypes à l'étranger : avions en Russie, en Suède et en Suisse ; blindés en Suède ; sous-marins et mitrailleuses en Espagne et en Hollande. Le général von Seeckt estime que « l'armée allemande ne peut avoir qu'une chose en vue, la guerre et non la paix éternelle[1] ».

Pendant ce temps, les politiques français et britanniques, aveuglés par un pacifisme béat et persuadés des bonnes intentions de façade du gouvernement allemand, réduisent leurs efforts militaires. L'armée de terre française, forte de 673 000 hommes en 1924, passe à 400 000 hommes

1. *Archives militaires allemandes, Fribourg-en-Brisgau.*

en 1928, avec la réduction du service militaire de dix-huit à douze mois. Durant la même période, les troupes françaises passent de 40 à 30 divisions en temps de paix.

Outre la modernisation de sa marine de guerre, l'effort militaire de la France se concentre sur la ligne Maginot, construite dès 1928, couvrant principalement la frontière franco-allemande, afin de protéger le territoire d'une invasion germanique. Le commandement veut éviter la terrible saignée de 14-18 grâce au béton protecteur, d'autant que la France, avec 40 millions d'habitants, se trouve lourdement défavorisée face à une Allemagne forte de 75 millions d'habitants. En cas d'une nouvelle guerre, il est nécessaire d'économiser le précieux « sang français ». De plus, le nord et l'est de la France ont subi d'importantes destructions de grandes villes, du terroir agricole et du bassin industriel en 14-18 ; pour éviter cela de nouveau, il est nécessaire, en cas de conflit, de repousser immédiatement toute attaque ennemie et de garantir l'intégrité du territoire national.

La guerre de 14-18 amène une modification radicale de la stratégie française : plus question d'offensives à outrance comme en 1914 ou en 1918. Selon le commandement français, le prochain conflit sera une guerre de position. La bataille de Verdun en 1916 a montré qu'un front continu fortifié, où chaque pouce de terrain est battu par de l'artillerie et les mitrailleuses, est quasiment imprenable. Les chars ne doivent servir qu'à contre-attaquer avec de l'infanterie pour colmater les brèches éventuelles, ou couvrir la mise en place des divisions de fantassins.

La ligne Maginot permet d'économiser les troupes et de compenser les classes creuses causées par la saignée de 14-18, d'empêcher une attaque surprise venant d'Allemagne. Elle offre également la possibilité de mobiliser l'armée française en toute sécurité. Elle protège les bassins industriels et les mines d'Alsace et de Lorraine. Elle peut servir de base à une contre-offensive future. Elle force les Allemands à passer par la Belgique, obligeant la Grande-Bretagne (garante de la neutralité belge) à se battre contre l'Allemagne, en déplaçant en outre la zone des combats hors de France, elle entre dans la stratégie du plan Dyle, où les meilleures divisions françaises et britanniques comptent livrer bataille en Belgique, sur ce fleuve. L'immense forêt des Ardennes, réputée infranchissable aux divisions blindées, et le fleuve de la Meuse, avec ses vallées encaissées, sécurisent le flanc droit du dispositif allié en Belgique.

C'est sous l'égide du maréchal Pétain, partisan convaincu des fortifications, que s'établissent les premiers plans de construction de la ligne Maginot. Au total, avec les rallonges ultérieures, la ligne Maginot va coûter plus de 5 milliards de francs de 1929 à 1939, ce qui ne représente pas une dépense particulièrement importante dans le budget de l'État d'une grande puissance comme la France.

La ligne Maginot s'échelonne en profondeur sur différents niveaux depuis la frontière franco-allemande, dont on distingue quatre parties distinctes, avec d'abord une ligne des avant-postes, destinée à détecter une attaque surprise et à la retarder. La ligne principale de résistance se trouve à environ 2 kilomètres des avant-postes. Elle se signale par un double réseau de rails antichars et de barbelés, balayés par les axes de tirs des mitrailleuses des casemates, et couverts par les tirs d'artillerie des ouvrages. Les abris d'intervalles, destinés à assurer le soutien des troupes combattant à l'air libre au sein des avant-postes, se matérialisent par d'immenses casernes souterraines. L'arrière du front comprend des équipements de soutien logistique, avec réseaux de téléphones et d'électricité, routes et voies ferrées, dépôts de munitions, casernes. Les ouvrages produisent eux-mêmes leur électricité, possèdent des radios pour communiquer avec l'extérieur.

L'ensemble repose sur 316 casemates, armées de mitrailleuses, de canons antichars et de mortiers, ainsi que sur 58 ouvrages, équipés de canons de 75 et 135 mm. Les gros ouvrages comprennent d'immenses galeries souterraines de dizaines de kilomètres, à 30 mètres sous terre, avec une caserne, une cuisine, une infirmerie, une centrale de production électrique, des réservoirs d'eau, de carburant, un magasin principal de munitions. Les murs en béton des ouvrages ont 3,5 mètres d'épaisseur. Des tourelles blindées à éclipse sont armées chacune de deux canons, les cloches blindées de mitrailleuses et de lance-grenades. Les tourelles sont capables de s'éclipser pour protéger l'armement en ne laissant qu'une calotte d'acier d'environ

300 mm d'épaisseur. En position de tir, la tourelle monte d'environ un mètre, dégageant ainsi les embrasures de tir. Elle peut pivoter sur 360 degrés et offre l'avantage d'être très compacte pour une puissance de feu très importante. L'armement de la ligne Maginot se base surtout sur le canon de 75 mm, pouvant tirer 30 coups à la minute avec une précision redoutable.

Les 58 ouvrages, composés de 2 à 19 blocs, abritent chacun 80 à 1 000 hommes. La ligne Maginot nécessite des unités spécialisées pour servir d'équipages aux casemates et aux ouvrages, ainsi que des troupes d'intervalles : régiments d'infanterie de forteresse, régiments d'artillerie de forteresse, bataillons de génie de forteresse, groupes de reconnaissance de région fortifiée. En plus des unités spécifiques, la ligne Maginot est soutenue par des divisions d'infanterie, des bataillons de chars, l'artillerie lourde de corps d'armée, des unités de cavalerie, des escadrilles de chasse, de reconnaissance et de bombardement. Le système immobilise l'équivalent de 10 divisions, avec 41 régiments d'infanterie, 8 bataillons et 29 régiments d'artillerie de forteresse, sans compter les autres unités positionnées sur les arrières.

Outre la frontière franco-allemande, une Maginot alpine couvre la frontière franco-italienne, avec de nombreux ouvrages et casemates, dont la défense se trouve renforcée par le relief montagneux. De plus, face à la Belgique, on compte une trentaine de casemates et cinq petits ouvrages. Dans ce secteur, le commandement français pense surtout engager ses meilleures troupes sur la ligne Dyle, en territoire belge, en cas de conflit contre l'Allemagne.

*

* *

En 1934, le lieutenant-colonel Charles de Gaulle fait paraître un ouvrage destiné à un important retentissement sinon dans l'immédiat, du moins dans l'avenir, *Vers l'armée de métier*. De Gaulle n'est pas un inconnu dans la société militaire. Il a appartenu d'abord au « clan Pétain », avant de se brouiller avec le Maréchal pour une banale querelle d'auteur. Il passe pour un esprit anticonformiste, voire solitaire. Fait prisonnier en 1916 devant Verdun, ses camarades de captivité le surnomment le « Connétable ». Dans son dernier ouvrage, de Gaulle prône la constitution de 6 divisions blindées, formées de soldats professionnels, capables de lancer une puissante offensive, afin d'écraser l'ennemi en quelques jours.

En fait, la thèse n'est pas nouvelle. Elle ne fait que reprendre les idées soutenues par les officiers britanniques Liddell Hart et Fuller, en Autriche par Eimannsberger, en France même par le général Estienne, lequel annonce déjà depuis plus de dix ans la venue de la guerre moderne, avec le mouvement rapide des chars. L'ouvrage de de Gaulle ne manque pas de faiblesses, malgré ses qualités novatrices en certains domaines. Il offre un caractère quelque peu académique, rien de commun avec *Achtung Panzer !* de Guderian qui va paraître en 1937, véritable manuel d'emploi des unités blindées allemandes. Ainsi, de Gaulle passe sous silence les servitudes logistiques, et l'appui aérien se trouve réduit à un rôle purement subalterne. Il faudra attendre la première réédition du livre à Alger en 1944 pour que soient soulignés l'importance du tandem chars-avions de même que l'apport clé des transmissions.

Deux éléments font cependant l'originalité du livre : la réhabilitation de l'offensive et l'utilisation des divisions blindées, composées de soldats professionnels. L'ouvrage apparaît comme un manifeste en opposition à la doctrine officielle, fondée en grande partie sur la défensive. Pour l'ensemble de la classe politique et surtout les milieux de gauche, une armée de métier va à l'encontre de l'armée nationale, formée de soldats citoyens. Elle semble offrir un relent de coup d'État.

Le général Weygand, favorable à l'utilisation des chars, entreprend au début des années 1930 la constitution de divisions légères mécanisées (DLM), tandis que le maréchal Pétain est l'un des seuls à avoir une vision prémonitoire du rôle de l'aviation. En 1935, devant les stagiaires de l'École supérieure de guerre, il prophétise que l'aviation constituera très probablement le facteur déterminant d'un futur conflit. C'est cependant parmi les militaires que les idées du lieutenant-colonel de Gaulle suscitent l'opposition la plus forte, où la défensive du béton l'emporte sur l'offensive des blindés.

Cependant, le général Gamelin, succédant au général Weygand au commandement de l'armée en 1935, s'oriente à la fois vers le renforcement de la ligne Maginot et la constitution de petites unités blindées, mais uniquement afin de contre-attaquer et de colmater les brèches, en soutien de l'infanterie. Toutefois, pour contrer une éventuelle offensive allemande par la Belgique, il poursuit le programme de Weygand de création de divisions légères mécanisées, afin d'établir une ligne défensive sur la Dyle. Les DLM doivent uniquement retarder la progression de l'ennemi. Les chars sont ainsi accaparés à une fonction purement défensive. Quant aux divisions cuirassées, formées par la suite, elles sont chargées de colmater les brèches par des contre-attaques. Il en va de même des bataillons de chars de combat (BCC).

*

* *

Dès la prise du pouvoir d'Adolf Hitler, l'armée allemande augmente considérablement en puissance, passant de 1933 à 1935 de 7 divisions d'active sans aucun char à 48 divisions d'active avec 650 chars.

L'homme à poigne et avisé dont a besoin la France arrive en février 1934, en la personne du républicain Louis Barthou, au poste de ministre des Affaires étrangères. Contrairement à ses prédécesseurs, il prend conscience du danger que représentent le réarmement allemand et l'arrivée au pouvoir d'Adolf Hitler. Il tente de lutter contre les menées hitlériennes en attirant la Grande-Bretagne, l'Italie et l'Union soviétique dans un front anti-allemand. Il prône également des alliances avec la Pologne et la Yougoslavie, afin d'isoler davantage l'Allemagne. Barthou est sur le point d'y parvenir, lorsqu'il meurt prématurément lors d'un attentat. Le 9 octobre 1934, il a pour mission, en tant que ministre des Affaires étrangères, d'accueillir à Marseille le roi Alexandre Ier de Yougoslavie. Un révolutionnaire bulgare, Vlado Tchernozemski, travaillant pour le mouvement nationaliste croate (pro-allemand), tue le monarque avec un pistolet automatique de 7,65 mm. Un policier français riposte avec son revolver de 8 mm et blesse grièvement par erreur Louis Barthou, présent à l'arrière du véhicule, aux côtés d'Alexandre Ier et du général français Georges, futur adjoint du général Gamelin au commandement de l'armée française. Barthou ne décède pas directement du fait de sa blessure par balle au bras, bien que son artère humérale soit gravement atteinte, mais parce qu'il est mal soigné. Dans l'affolement, l'infirmier qui tente de comprimer la blessure se trompe dans le sens du garrot, provoquant une hémorragie fatale. La mort de cet homme politique de grande valeur est une perte considérable pour la France. Artisan de la constitution d'une alliance avec divers pays pour encercler l'Allemagne hitlérienne, son idée est reprise en partie par Pierre Laval, lors des accords de Stresa en avril 1935, où la France, l'Italie et la Grande-Bretagne se disent prêtes à s'opposer par tous les moyens aux revendications territoriales allemandes.

*
* *

En mars 1936, en violation des traités de Versailles et de Locarno, l'armée allemande s'installe en

Rhénanie : 3 bataillons occupent la région, et le général von Blomberg est prêt à battre en retraite en cas de riposte des troupes françaises. Mais Paris, bien plus préoccupé par l'invasion italienne de l'Éthiopie, ne bouge pas, ainsi que Londres. Pourtant, à cette époque, l'armée française dispose encore de moyens suffisants pour faire reculer l'armée allemande, mais le général Gamelin refuse de mobiliser plusieurs classes de réservistes et surtout d'engager ses divisions d'active. Et il y a plus grave : en juillet 1934, après une tentative de coup d'État des nazis en Autriche pour préparer son annexion au Reich, Mussolini, ardent défenseur de ce pays voisin, propose d'intervenir militairement contre Hitler, avec l'aide de la France et de la Grande-Bretagne, qui font cependant la sourde oreille.

Comment expliquer le refus franco-britannique de coopérer militairement avec l'Italie, pourtant à l'époque nettement hostile à Hitler ? Il convient d'apporter les réponses dans le chapitre suivant.

2

Mussolini jeté dans les bras d'Hitler

Durant les premières décennies ayant suivi la Seconde Guerre mondiale, l'historiographie officielle, notamment anglo-américaine et marxiste, a voulu voir en Benito Mussolini un allié de toujours d'Hitler, du fait des ressemblances extérieures trompeuses du fascisme italien avec le nazisme. Il a fallu attendre la publication des remarquables ouvrages du professeur italien Renzo De Felice, de 1965 à 1997, unanimement salués par ses collègues historiens, pour avoir une image plus juste et nuancée de Mussolini et de son régime[1]. La volumineuse et brillante biographie sur Mussolini (Fayard, 1999) du grand historien Pierre Milza, spécialiste reconnu de l'Italie, sans oublier l'œuvre magistrale en trois tomes du biographe André Brissaud, sur le même personnage (Perrin, 1983), ont également apporté une admirable contribution à la véracité historique de cette période controversée. Il convient d'y ajouter les excellents ouvrages des historiens Philippe Foro, Michel Ostenc et Frédéric Le Moal sur les

---

1. *Renzo De Felice,* Mussolini *(9 tomes), Einaudi, 1965-1997.*

spécificités du fascisme italien[1]. L'historien britannique Christopher Duggan a contribué à mieux faire connaître l'histoire intime de l'Italie de Mussolini, en dévoilant, à travers des fonds d'archives inexploités, l'immense popularité que ce dernier suscita au sein de son peuple, même au pire moment de la Seconde Guerre mondiale[2].

Ainsi, contrairement à la propagande immédiate d'après guerre, Mussolini bénéficia d'un large soutien de la population italienne du fait des indéniables réussites sociales et économiques du régime fasciste.

> Dans les années 1930, écrit Christopher Duggan, l'investissement dans la politique sociale, dont les allocations familiales et les primes à la maternité, passa de 1,5 à 6,7 milliards – soit plus de 20 % des recettes totales des impôts. L'Italie était alors le prototype de l'État-providence moderne. Le rythme des programmes de bonification des terres et autres travaux publics accéléra et le régime put bientôt se vanter d'en avoir fait plus en dix ans que le régime libéral en soixante [...]. Pour marquer la fondation de l'Empire, plus de

1. *Philippe Foro,* L'Italie fasciste, *Armand Colin, 2016 ; Michel Ostenc,* Mussolini. Une histoire du fascisme italien, *éditions Ellipses, 2013 ; Frédéric Le Moal,* Histoire du fascisme, *Perrin, 2018.*

2. *Christopher Duggan,* Ils y ont cru. Une histoire intime de l'Italie de Mussolini, *Flammarion, 2014.*

56 millions de lires furent dépensées en « donations et offrandes » entre mai 1936 et janvier 1937 suivant les comptes du Secrétariat. Mais il y a plus que l'argent. La générosité de Mussolini allait jusqu'à fournir des biens ménagers (des machines à coudre, par exemple), des vêtements et de la nourriture. Dans la province de Rovigo, 3 770 quintaux de farine, 435 de pain, 66 de pâtes, 60 de riz, ainsi que 850 000 « rations populaires » et 60 000 articles vestimentaires furent distribués au cours de l'hiver 1933-1934 au nom du Duce. « Même le travailleur le plus humble et l'ouvrier le plus pauvre savent que le Chef se préoccupe de leur sort », se félicitait un journal de la région [...]. Beaucoup d'hommes, de femmes et d'enfants écrivaient à Mussolini pour lui demander une photo, si possible dédicacée ; et jusqu'au début de la guerre, il semble qu'un pourcentage important de ces demandes était satisfait[1].

*
* *

Benito Mussolini voit le jour le 29 juillet 1883, dans le village de Dovia di Predappio, en Romagne, d'une mère institutrice catholique (Rosa Maltoni) et d'un père forgeron d'extrême gauche (Alessandro Mussolini). Instituteur et militant socialiste,

1. Ibid.

diplômé de français de la faculté de Bologne en 1907, journaliste politique, Benito Mussolini prend la direction du quotidien officiel du parti socialiste italien l'*Avanti* en 1912, dont il fait monter le tirage en quelques mois de 20 000 à plus de 80 000 exemplaires. Orateur brillant, sachant capter l'attention des foules, il multiplie les conquêtes féminines, avec notamment une brillante journaliste juive, Margherita Sarfatti, qui lui apprend les usages du savoir-vivre en société, lui présente les célébrités du moment, l'accompagne au théâtre, l'entraîne dans les salons littéraires, l'intéresse à l'art. Elle enrichit considérablement son bagage culturel et intellectuel.

Au début de la Première Guerre mondiale, Mussolini, grand admirateur de la France, rejoint le camp des interventionnistes de gauche favorables à l'entrée en guerre de l'Italie aux côtés des Alliés. Exclu du Parti socialiste, alors neutraliste et hostile à la guerre, il fonde son propre journal *Il Popolo d'Italia* en novembre 1914. Dès le premier numéro, il fait campagne pour la guerre aux côtés de la France, dénonce avec fougue l'attitude neutraliste, et signale que les socialistes allemands et autrichiens ont voté en faveur de la guerre. En une quinzaine de jours, il fait passer le tirage de son journal de 30 000 à 90 000 exemplaires, alors que celui de l'*Avanti* baisse nettement avec la perte de 25 000 ventes. Mussolini est soutenu par les garibaldiens, les nationalistes, certains socialistes, les syndicalistes révolutionnaires, les anarchistes (adversaires de toujours des monarchies allemande et autrichienne), les irrédentistes et les futuristes. Fait méconnu, il devient même un agent des services secrets britanniques, afin de bénéficier de l'aide financière nécessaire à sa campagne en faveur de l'entrée en guerre de l'Italie aux côtés des Alliés.

En mai 1915, l'Italie entre en guerre contre l'Autriche-Hongrie et, dès septembre, rejoignant l'acte à la parole, Benito Mussolini incorpore le 11e régiment de *bersaglieri* (tirailleurs), unité d'élite engagée sur le front montagneux de l'Isonzo, où certains combats se déroulent à plus de 2 000 mètres d'altitude. Il note dans son journal de guerre : « Nos tranchées ne sont que des trous creusés dans le roc, des abris exposés aux intempéries. Tout est provisoire et fragile. Les rochers sont aussi meurtriers que les canons. Le vent nous apporte le froid et la puanteur des cadavres oubliés[1] ».

Ses compagnons de troupe apprécient ce soldat de bonne volonté, gai et enthousiaste, discipliné, généreux et courageux. En septembre 1917, il est blessé sur le front du Carso, criblé d'éclats par l'éclatement d'un obus de mortier. Un gros éclat lui a brisé le tibia de la jambe droite, et seule une opération a permis d'éviter l'amputation. Réformé, il reprend son poste à son journal.

En avril 1919, Mussolini fonde à Milan le premier faisceau italien de combat, donnant ainsi naissance au fascisme italien, qu'il définit ainsi : « Nous nous permettons le luxe d'être à la fois aristocrates et démocrates, révolutionnaires et réactionnaires, légalistes et illégaux, selon le temps, les lieux, les

---

1. *Benito Mussolini,* Mon journal de guerre, 1915-1918, *Flammarion, 1935.*

climats où nous sommes contraints de vivre et d'agir[1] ». Des faisceaux fascistes se forment également à Parme, Turin, Vérone, Naples, Gênes, Florence, Bologne, Venise et ailleurs.

Malgré le rôle déterminant de l'Italie dans la victoire des Alliés en 1918, avec la fixation et la défaite d'une soixantaine de divisions austro-hongroises sur le front italien, les Alliés français, britanniques et américains ne restent que partiellement fidèles aux promesses territoriales. Si l'Italie récolte le Trentin et l'Istrie, la Dalmatie lui échappe au bénéfice de la nouvelle Yougoslavie. Malgré le sacrifice de 780 000 de ses soldats, l'Italie n'obtient donc qu'en partie satisfaction. Mussolini exploite habilement le mécontentement national, d'autant que le pays est en proie à d'importants troubles révolutionnaires de gauche, avec de nombreuses grèves, paralysant l'économie et l'industrie de toute la péninsule. Afin de rétablir l'ordre dans le pays et de relancer l'activité économique, Mussolini lance plusieurs milliers de Chemises noires (militants fascistes) à la conquête de Rome en octobre 1922, avec la ferme volonté de prendre le pouvoir. Le roi d'Italie Victor-Emmanuel III, voyant en Mussolini un rempart contre une révolution communiste, lui propose de former un nouveau gouvernement. C'est le début de l'ère fasciste, qui va durer plus de vingt années. À l'âge de 39 ans, Mussolini devient le chef de l'Italie.

En décembre 1922, Mussolini se rend à Londres pour participer aux conversations sur les réparations

1. *Cité par André Brissaud,* Mussolini, *Perrin, 1983.*

allemandes. Il défend la position de fermeté de la France. Le diplomate français François Charles-Roux télégraphie à Paris que « les dispositions de Mussolini sont très favorables à la France, qu'il vient d'appuyer à propos des réparations. Son attitude est aussi serviable que possible et telle qu'on ne pouvait en attendre de pareille des Anglais[1] ».

Dès mars 1923, Mussolini, fidèle à son passé socialiste, entreprend d'importantes réformes sociales en faveur des classes les plus pauvres. La journée de travail est réduite à huit heures, et la semaine passe de soixante-douze à quarante heures. Le travail de nuit est interdit aux filles et aux garçons de moins de 18 ans. Des dispositions sont prises en faveur des travailleurs au sujet de l'hygiène et de la qualité de vie dans les usines et les entreprises. L'assurance contre les risques du travail voit le jour, ainsi que les allocations familiales, l'assurance chômage et celle contre les maladies. Dans le cadre de la santé publique, Mussolini fonde les premières colonies de vacances pour les enfants des classes populaires, les terrains de camping et de jeux, les vacances. La dépense annuelle des allocations familiales est fixée à 344 millions de lires, dont 215 millions à la charge du patronat. Cette politique sociale est appréciée par la population. Le nombre des chômeurs passe de 541 000 en 1921 à 122 000 en 1923. La relance de l'économie favorise la reprise de la consommation et le démarrage de grands travaux.

Le 30 décembre 1923, le *Times* fait ainsi l'éloge de Mussolini :

---

1. *Archives nationales, Paris.*

> Il est incontestable que l'Italie n'a jamais été aussi forte et unie qu'aujourd'hui. Le monde a été frappé par le fait que le fascisme n'est pas seulement un système politique qui a réussi, mais aussi une révolution spirituelle. Le Duce a simplifié le système fiscal et fortement réduit le déficit. Il a grandement amélioré les services publics, en particulier les chemins de fer. Il est parvenu à réduire une bureaucratie excessivement abondante, sans augmenter le chômage. Bien au contraire, le nombre de chômeurs n'a jamais été aussi bas en Italie [...]. Sa politique sociale, en faveur des plus défavorisés, est remarquable. Grâce à Mussolini, l'Italie est devenue une grande puissance que le monde admire[1].

Dès le 30 novembre 1923, Mussolini établit des liens amicaux avec la Russie soviétique. Des échanges économiques portent sur l'achat en URSS de charbon et de matières premières, tandis que l'Italie fournit du matériel d'équipement et des produits chimiques. Le 8 février 1924, un traité de commerce est définitivement conclu entre les deux pays. Cet accord désoriente les communistes et les socialistes italiens, qui comptaient beaucoup sur l'opposition antifasciste de Moscou. Déjà à cette époque, Mussolini veut établir une véritable alliance avec la France, la Grande-Bretagne,

---

1. *Cité par André Brissaud,* Mussolini, op. cit.

la Russie soviétique et son pays pour encercler l'Allemagne. Il craint un retour du militarisme germanique. L'avenir lui donnera raison.

Le 5 décembre 1924, afin de s'assurer le soutien des catholiques italiens, Mussolini déclare dans la presse que « le fascisme respecte le Dieu chrétien des ascètes, des saints, des héros et même le Dieu qui voit et prie le cœur ingénu du peuple. Au contraire du communisme, le fascisme ne cherche pas à effacer Dieu des âmes[1] ». En février 1929, Mussolini signe avec le Vatican les accords du Latran, mettant fin ainsi aux longues rivalités entre l'État italien et l'Église catholique. Le pape reconnaît la légitimité de l'État politique italien sur toute la péninsule, Rome comprise, et abandonne ses droits sur les anciens États pontificaux. En échange, l'État italien reconnaît au pape la souveraineté sur la cité du Vatican, les bâtiments ecclésiastiques de la ville, promet la liberté d'accès aux diplomates de tous les pays étrangers. Le catholicisme est officiellement reconnu comme religion d'État. Mussolini accorde au souverain pontife un versement de 2 milliards de lires. Le pape obtient également la liberté de communiquer avec tous les catholiques du monde entier.

En mai 1925, dans sa conception des obligations d'assistance et d'éducation envers les citoyens, notamment les plus défavorisés, Mussolini met en place 10 000 groupes musicaux, culturels et folkloriques, 2 500 théâtres, 3 500 bibliothèques, 750 centres d'enseignement gratuit pour les pauvres

1. *Archives du Vatican, Rome.*

et 10 000 clubs sportifs. Ces loisirs populaires sont offerts à 3 millions d'Italiennes et d'Italiens. Des voyages collectifs se multiplient à travers le pays, avec des camps d'été ou d'hiver, des croisières et même des courses cyclistes.

En avril 1926, l'Œuvre pour la protection de la maternité et de l'enfant assure à la fille-mère qui reconnaît son enfant une pension alimentaire durant les trois premières années. Cette mesure sociale fait diminuer considérablement les présentations d'enfants illégitimes aux hospices. L'Œuvre prend également à sa charge les consultations prénatales, augmente les constructions de crèches et de maternités.

Le 15 janvier 1927, Winston Churchill, ministre anglais des Finances, ne cache pas son admiration pour Mussolini, après l'avoir rencontré à Rome :

> Le génie romain, personnifié par Benito Mussolini, le plus grand législateur vivant, a montré à de nombreuses nations que l'on peut résister au communisme ; il a tracé la route qu'une nation peut suivre quand elle est menée avec courage. Avec le régime fasciste, Mussolini a établi une orientation centrale que les pays engagés dans la lutte contre le communisme ne devraient plus hésiter à prendre comme guide. Si j'étais italien, je suis sûr que j'aurais soutenu Mussolini depuis le début jusqu'à la fin. C'est une sottise de prétendre que le pouvoir italien ne repose pas sur une base populaire ou qu'il ne reste pas au pouvoir

> avec le consentement actif de la grande masse de la population italienne. J'ai été fasciné, ainsi que beaucoup d'autres, par le comportement très simple de Mussolini, par le calme et la sérénité qu'il garde malgré tant de charges et de dangers. Il ne pense, de toute évidence, qu'au bien-être durable du peuple italien. Il a fait de son pays une puissance admise et respectée dans le monde. L'Italie retrouve la grandeur impériale de son passé[1].

En décembre 1927, Dino Grandi, ministre italien des Affaires étrangères, rencontre à Venise le comte hongrois Bethlen, qui envisage de faire intégrer l'Allemagne à l'entente italo-hongroise. Bethlen va jusqu'à déclarer que cette entente doit reposer sur le consentement italien à l'annexion de l'Autriche par l'Allemagne. Mussolini, défenseur convaincu de l'indépendance de l'Autriche, se met en colère :

> Bethlen est un fou ! Il ne voit pas la réalité en face. Le jour où, hélas, l'annexion de l'Autriche se fera, ce sera la Seconde Guerre mondiale à brève échéance… et la Hongrie sera à son tour satellisée par Berlin ! Il faut empêcher, même par la force, un retour du pangermanisme. La France se fait de graves illusions sur la volonté allemande de préserver la paix en Europe. Ce peuple n'aspire qu'à la revanche. Il faut rester fort

1. *Cité par André Brissaud,* Mussolini, op. cit.

> pour empêcher que l'Allemagne se militarise à nouveau. La paix repose sur notre force. Il ne faut jamais oublier cela. L'Italie et la France unies sont les meilleurs garants de la paix en Europe. Les Britanniques doivent également nous soutenir. Il faut éviter un nouveau désastre[1].

En mai 1928, l'Office autonome de la route voit le jour à la demande de Mussolini. Cet office construit les premières autoroutes d'Europe. Les travaux reposent sur un ensemble de 700 kilomètres dans toute l'Italie. L'Office doit également entreprendre la réfection complète de 21 000 kilomètres de routes nationales et en construire 700 kilomètres de plus. Près de 6 000 kilomètres de routes secondaires sont prévus, ainsi que la construction de 400 ponts. Des sociétés privées sont mobilisées pour épauler l'Office. Ces travaux offrent du travail aux Italiens les plus démunis. Les lignes ferroviaires sont toutes électrifiées.

En décembre 1928, Mussolini lance le début des grands travaux portant sur la conquête de nouvelles terres cultivables, par l'assèchement, le drainage, l'irrigation et le reboisement. C'est l'objet de la Bonification intégrale, couvrant 5 700 000 hectares en dix ans. Sous l'impulsion d'Arrigo Serpieri, ingénieur novateur, les terres abandonnées ou incultes sont assainies, puis occupées par 78 000 paysans venant des régions les plus pauvres de la péninsule. Les travaux portent sur les secteurs inondables du

1. *Archives de l'État italien, Rome.*

Pô inférieur, les plaines marécageuses du littoral. Dévastés depuis des siècles par la malaria, les 60 000 hectares des marais pontins sont asséchés et découpés en 3 000 exploitations pour les paysans. Des villes nouvelles voient le jour, avec toutes les installations nécessaires pour une vie harmonieuse et sécurisée.

Mussolini fait multiplier la construction de cliniques et d'hôpitaux dans toute l'Italie. Entre 1922 et 1930, le chiffre a quadruplé. C'est sur le terrain de la tuberculose que le régime fasciste obtient une réussite exemplaire. Jusqu'en 1925, l'Italie voyait mourir en moyenne 70 000 de ses enfants tous les ans. La mortalité tombe à 20 000 en 1930. Le même effort est couronné de succès dans la lutte contre la malaria, l'alcoolisme, les maladies vénériennes, le trachome, l'usage de la drogue et le cancer. Les enfants les plus pauvres peuvent faire du sport gratuitement, profiter de l'air pur de la montagne lors de séjours pris en charge par l'État, s'amuser au bord de la mer dans les meilleures conditions. Cette politique sociale vaut à Mussolini les louanges de personnalités du monde entier, dont celles de Freud et de Gandhi.

En mars 1932, interrogé par l'écrivain allemand Emil Ludwig, Mussolini condamne sans hésitation les théories nazies antisémites et racistes :

> Il n'y a plus de races à l'état pur. Même les Juifs ne sont pas demeurés sans mélange. Ce sont précisément ces croisements heureux qui ont très souvent produit la force et la beauté d'une nation.

> Je ne crois pas qu'on puisse apporter la preuve biologique qu'une race est plus ou moins pure, plus ou moins supérieure. Ceux qui proclament la noblesse de la race germanique sont, par un curieux hasard, des gens dont aucun n'est réellement germain... Une chose analogue ne se produira jamais chez nous. La fierté ne nécessite pas un état de transe provoqué par la race, l'antisémitisme n'existe pas en Italie. Les Juifs italiens se sont toujours bien comportés comme citoyens et bravement battus comme soldats. Ils occupent des situations éminentes dans les universités, dans l'armée, dans les banques. Il y en a qui sont officiers supérieurs : le commandant de la Sardaigne, le général Modena, un amiral de la flotte, un général d'artillerie et un général des *bersaglieri*[1].

Mussolini ouvre les portes de l'Italie aux Juifs étrangers. Il a des amies juives cultivées, comme Balabanoff et Sarfatti.

Dans le cadre de l'anniversaire de la prise du pouvoir, le Duce inaugure en 1932 le Forum Mussolini, vaste ensemble sportif près de Rome qui, une fois achevé, doit s'étendre sur une zone de 850 000 m².

En juin 1933, Mussolini reçoit à Rome les ministres français et anglais des Affaires étrangères afin de neutraliser, par une solide alliance,

---

1. *Emil Ludwig,* Entretiens avec Mussolini, *présentation de Maurizio Serra, Perrin, 2016.*

le pangermanisme du nouveau chancelier allemand Adolf Hitler. L'année suivante, en juin 1934, Mussolini reçoit Hitler à Venise pour mieux sonder ses intentions sur l'Autriche. La veille de la rencontre, Mussolini ironise sur le fait que les Lapons, se trouvant plus au nord que tous les autres peuples, doivent constituer la plus supérieure des races... Dans le même esprit, le Duce demande à la presse de réserver un bon écho à la visite que lui a faite le grand rabbin de Rome. Mussolini accueille Hitler en grand uniforme de la milice fasciste, le visage rayonnant. Hitler fait piètre figure dans un costume civil qui lui va mal. Lorsqu'il salue Mussolini, c'est l'élève qui salue le maître. La rencontre est un échec retentissant pour Hitler. Mussolini lui déclare que l'Autriche doit conserver son indépendance et sa totale liberté. Après cette rencontre, il juge sévèrement Hitler : « Ce raseur m'a récité *Mein Kampf*, ce livre indigeste que je ne suis jamais parvenu à lire intégralement. Je ne me sens aucunement flatté de savoir que cet aventurier de mauvais goût a copié sa révolution sur la mienne. Les Allemands finiront par ruiner notre idée. Hitler est un être féroce et cruel qui fait penser à Attila. Les Allemands resteront les barbares de Tacite, les éternels ennemis de Rome[1] ».

Le 25 juillet 1934, lors d'une tentative de coup d'État, les nazis assassinent le chancelier autrichien Dollfuss, ami de Mussolini. Ce dernier réagit immédiatement en ordonnant à 4 divisions italiennes de se préparer à franchir la frontière pour venir

1. *Archives de l'État italien, Rome.*

au secours de l'Autriche. Il compte également sur Paris et Londres pour l'appuyer militairement. Mais les Franco-Britanniques, aveuglés par un pacifisme béat, ne bougent pas ! Sa réaction courageuse a suffi à faire reculer Hitler, dont le coup d'État se solde par un échec. Le 28 juillet, Mussolini déclare à la presse :

> Le chancelier allemand avait promis de respecter l'indépendance de l'Autriche. L'édifiante chronique de ces derniers jours a démontré comment Hitler a observé les engagements pris devant l'Europe. On ne traite pas sur un même pied d'égalité morale celui qui manque, avec un tel cynisme, aux lois élémentaires de l'honneur. Mais je suis également déçu par la France et l'Angleterre. Quelle apathie ! Quelle lâcheté ! Il a suffi que je montre les dents pour qu'Hitler désavoue la tentative de putsch nazi. Mais je ne suis pas dupe : Hitler est une menace pour la paix[1].

En août 1934, à Ostie, Mussolini déclare, au cours d'un entretien avec la presse et des amis autrichiens, qu'« Hitler est un affreux dégénéré sexuel et un fou dangereux. Le national-socialisme en Allemagne représente la barbarie sauvage, et ce serait la fin de notre civilisation européenne si ce pays d'assassins et de pédérastes devait submerger

1. Ibid.

le continent. Toutefois, je ne puis être toujours seul à marcher sur le Brenner[1] ».

Un rapprochement franco-italien est inauguré par un discours prononcé le 6 octobre 1934 à Milan, où Mussolini déclare souhaiter une entente avec la France. Il veut s'assurer la neutralité bienveillante de la France en cas de guerre contre l'Éthiopie, puis réaliser contre Hitler un front diplomatique qui empêcherait ce dernier de renouveler son entreprise contre l'Autriche. Les avances du Duce sont accueillies favorablement par Pierre Laval, le nouveau ministre français des Affaires étrangères, qui a succédé à Louis Barthou, mort à Marseille à la suite d'un attentat. Le 1er novembre, Laval affirme que « l'Italie doit être amenée à prendre des responsabilités en vue du maintien de la paix en Europe[2] ».

Le 16 mars 1935, la décision d'Adolf Hitler de dénoncer les clauses militaires du traité de Versailles et de rétablir le service militaire pousse davantage Mussolini dans le camp des Franco-Britanniques. Il décide d'organiser une conférence à Stresa. Le 11 avril, la France est représentée par Flandin et Laval, l'Angleterre par MacDonald et sir Simon, l'Italie par Mussolini et Fulvio Suvich. Les trois pays affirment leur attachement à l'indépendance de l'Autriche, déclarent que la sécurité de l'Europe ne peut être assurée que par la négociation et blâment les initiatives allemandes. Ils se disent également prêts à s'opposer par tous les moyens à une nouvelle répudiation des traités. Cependant, en juin 1935, la

1. Ibid.

2. *Archives nationales, Paris.*

Grande-Bretagne signe à l'insu de la France et de l'Italie un accord de réarmement naval avec Hitler, établissant une certaine parité pour les sous-marins et autres navires. Par cet accord, les Britanniques semblent passer l'éponge sur le réarmement terrestre et aérien de l'Allemagne, formellement contraire au traité de Versailles. Ce même accord enlève à la Grande-Bretagne, première puissance coloniale de la planète, toute autorité pour s'opposer aux visées de Mussolini sur l'Éthiopie, sphère d'influence italienne depuis la fin du XIXe siècle.

L'invasion italienne de l'Éthiopie, en octobre 1935, est suivie le mois suivant par des sanctions économiques franco-britanniques envers l'Italie. Dégoûté de voir les deux grandes puissances coloniales de l'époque donner des leçons d'anticolonialisme à l'Italie, Mussolini dénonce, en décembre, les engagements pris à Stresa en avril contre l'Allemagne. Hitler s'est bien gardé de s'associer au mouvement de sanctions votées contre l'Italie. Il fournit même au Duce du charbon, de l'acier et des produits chimiques. Les Franco-Britanniques viennent de jeter Mussolini dans les bras d'Hitler.

Le 7 mars 1936, en violation du traité de Locarno, les troupes allemandes réoccupent la Rhénanie. Le gouvernement britannique pousse les autorités françaises à la prudence, faisant ainsi avorter une possible intervention militaire contre Hitler. Mussolini renforce cependant sa garnison du Brenner tout en poursuivant ses opérations militaires en Éthiopie, qui se terminent par l'occupation du pays en mai. En août, Mussolini tente même de se rapprocher de nouveau de la France, mais

Léon Blum, arrivé au pouvoir avec le Front populaire, refuse toute offre italienne. Profondément déçu par l'attitude méprisante du gouvernement français, Mussolini décide finalement de se tourner vers Hitler. Georges Bonnet estime que « si odieuse que soit l'invasion italienne de l'Éthiopie, on ne peut inscrire au débit du fascisme italien des atrocités comparables à celles du nazisme. En poussant Mussolini dans les bras d'Hitler, les Franco-Britanniques commettent une grave erreur[1] ».

Mussolini est reçu à Berlin en septembre 1937 puis, en mai 1938, il rend son invitation à Hitler en l'accueillant avec faste à Rome, puis à Naples, afin de lui faire découvrir la puissance de la flotte italienne. De nombreux chefs fascistes italiens condamnent cependant cette alliance contre nature avec les nazis, dont Italo Balbo et Dino Grandi. En août, ce rapprochement entre Mussolini et Hitler s'accompagne de mesures déplorables contre les Juifs se trouvant en Italie. Elles frappent d'abord les Juifs étrangers, qui ne peuvent plus se réfugier en Italie, puis certains Juifs italiens, qui se voient interdire l'exercice de certaines professions, notamment dans l'administration et l'armée. Mais comme l'écrivent les historiens Pierre Milza et Serge Berstein, « le régime multiplie les exemptions pour les familles juives fidèles au fascisme ou celles dont l'un des membres est mort à la guerre. Si bien que peu de Juifs italiens sont finalement touchés

1. *Archives nationales, Paris.*

par la législation raciale[1] ». Ces mesures fascistes antisémites sont cependant une véritable honte au moment où les Juifs sont victimes d'horribles persécutions nazies en Allemagne.

En mars 1938, Mussolini favorise les accords de Munich, qui évitent un conflit armé en Europe, au détriment cependant de la Tchécoslovaquie, condamnée à céder aux nazis des territoires germanophones. Mais en écartant la guerre en 1938, Mussolini vient de rendre un réel service à la France et à la Grande-Bretagne, car les moyens militaires de ces deux pays sont très insuffisants pour engager la lutte contre une Allemagne déjà puissante en aviation et en blindés. À l'époque, la France ne peut aligner qu'une division légère mécanisée, alors qu'Hitler dispose déjà de 6 Panzerdivision ! À son retour en Italie, Mussolini est accueilli comme un véritable héros qui vient d'éviter une nouvelle guerre mondiale. Il se rend compte que son peuple n'aspire qu'à la paix. Peu désireux de s'engager dans un conflit armé, Mussolini prévoit une Exposition universelle à Rome durant l'année 1942.

Certains auteurs estiment cependant que l'Allemagne n'aurait pu résister militairement à une offensive de l'armée française, menée conjointement avec l'armée tchécoslovaque, en septembre 1938. Nous sommes en plein délire ! Comment l'armée française de septembre 1938, forte d'une unique division légère mécanisée et d'une infanterie purement défensive, avec une aviation désuète et

---

1. *Pierre Milza et Serge Berstein,* L'Italie contemporaine, *Armand Colin, 1973.*

numériquement inférieure, aurait-elle pu attaquer l'armée allemande, disposant déjà à l'époque de 6 divisions blindées, d'une infanterie entraînée à l'offensive, d'une aviation moderne et plus nombreuse ? Ces auteurs estiment que la Russie soviétique serait intervenue contre Hitler, en passant par la Pologne : or ce pays, totalement hostile à Staline et au communisme, refuse toute présence militaire soviétique sur son territoire, même temporaire.

Bien que plus puissante en septembre 1939, l'armée française est incapable, même avec l'aide britannique, de soutenir la Pologne par une vaste offensive. Elle doit attendre défensivement plusieurs mois, pour finalement subir de plein fouet l'offensive allemande de mai 1940 : bien que forte de 6 divisions blindées (3 divisions légères mécanisées et 3 divisions cuirassées), puis renforcée par une 4e division cuirassée et une division blindée britannique, la France est cependant vaincue en six semaines par 10 Panzerdivision et une aviation allemande plus puissante. Que se serait-il passé en septembre 1938 ? L'armée française n'aurait pas résisté six semaines comme en mai-juin 1940, mais une à deux semaines au plus ! Quant à l'armée tchécoslovaque de septembre 1938, forte seulement de 160 000 soldats d'active et de 470 chars (contre 731 000 soldats allemands d'active et 2 486 panzers), elle n'aurait certainement pas fait mieux que l'armée polonaise en septembre 1939, pourtant plus nombreuse. L'armée tchécoslovaque doit en plus défendre un territoire indéfendable de 2 000 kilomètres, avec des fortifications en partie incomplètes et certains contingents « tchécoslovaques » d'origine allemande, hongroise ou polonaise, hostiles à ce pays artificiellement créé au traité de Versailles en 1919. Il est donc indéniable qu'en faisant repousser la guerre d'une année, Mussolini a rendu un immense service à la France et à la Grande-Bretagne.

En mars 1939, après l'entrée des troupes allemandes dans Prague, Mussolini entre dans une violente colère et déclare à son gendre, le comte Ciano, alors ministre des Affaires étrangères : « L'alliance avec l'Allemagne serait une absurdité contre laquelle toutes les pierres se révolteraient ! » Mais sa colère retombe rapidement. Résigné, il ajoute : « L'Allemagne est trop puissante. L'Italie doit rester à ses côtés malgré ce mauvais tour. Nous ne pouvons maintenant changer de politique. Nous sommes 42 millions d'Italiens contre plus du double d'Allemands. De plus, les Français et les Britanniques sont trop faibles pour résister à Hitler[1] ».

En mai 1939, à Berlin, la signature du Pacte d'acier entre Ciano et Ribbentrop semble sceller l'alliance italo-allemande. Mais, pour Mussolini, ce pacte doit être avant tout défensif, afin de retenir Hitler. Par prudence, il a fait spécifier que « les deux contractants assurent vouloir éviter pendant trois années toute démarche pouvant conduire à la guerre[2] ». Il compte bien organiser à Rome son Exposition universelle en 1942. Il a déjà fait dépenser des sommes importantes en vue de sa réalisation. Il espère

1. *Archives de l'État italien, Rome.*

2. Ibid.

ainsi tenir Hitler sous son contrôle. Il se trompe lourdement.

Le 22 août 1939, une dépêche informe Mussolini qu'Hitler a signé avec Staline un pacte de non-agression. Bien qu'allié de l'Allemagne, il n'a même pas été prévenu. Cet événement très inattendu doit lui permettre de se désengager en refusant de suivre Hitler, qui ne respecte pas le Pacte d'acier et menace ouvertement la Pologne d'une invasion militaire.

Devant Ciano, Mussolini compare Hitler à « un fauve enragé » et à « un dangereux assassin »[1]. Dès le 25 août, il télégraphie à Hitler : « Si l'Allemagne attaque la Pologne et si les Franco-Britanniques décident de contre-attaquer, l'Italie ne prendra pas part à la guerre »[2]. Il rappelle que l'invasion de la Pologne est une pure violation du Pacte d'acier, qui stipulait que la guerre devait être évitée durant plusieurs années. Et il communique à Hitler une liste, délibérément gonflée, des moyens dont son pays aurait besoin pour faire la guerre. Le 31 août, dans un dernier effort pour sauver la paix, Mussolini propose à la France, à l'Angleterre et à l'Allemagne la tenue d'une conférence en Italie. La France donne son accord, mais Hitler, ne voulant pas d'un nouveau Munich, refuse de faire reculer son armée qui menace la Pologne. Le tout dernier espoir de paix vient de s'évanouir. En cas de conflit, Mussolini a déjà ordonné à son état-major de fortifier la frontière de l'Italie du Nord face à l'Allemagne, depuis l'annexion de l'Autriche en mars 1938. Le général

1. Ibid.

2. Ibid.

Arturo Monti a la lourde charge de construire une puissante ligne défensive.

Lors d'une rencontre au Brenner en mars 1940, Hitler fait bien comprendre à Mussolini qu'il faut choisir son camp au plus vite, sous peine d'une riposte terrible de l'Allemagne. Sachant son armée faiblement équipée, incapable de résister à une offensive allemande, Mussolini ne peut plus reculer ou attendre. La suite, nous la connaissons. Après l'écroulement militaire de la France en juin 1940, Mussolini, pensant s'emparer de plusieurs vallées alpines et de certaines colonies françaises, s'engage finalement, après bien des hésitations, dans la guerre aux côtés de l'Allemagne. Il est alors persuadé que la guerre sera courte, car la Grande-Bretagne, désormais seule, ne pourra pas résister longtemps à la puissance militaire allemande. Il se trompe lourdement.

Il convient de souligner que, contrairement à Staline, Hitler et Mao, responsables de la mort de plusieurs dizaines de millions de personnes, le bilan de la répression fasciste est modeste en Italie de 1922 à 1943. La police secrète fasciste fait exécuter 25 opposants. D'après les chiffres officiels italiens, le régime fasciste a fait condamner 5 619 opposants à des peines de prison, en moyenne de cinq ans, 42 opposants ont été condamnés à mort et 3 aux travaux forcés à perpétuité. La répression fasciste italienne a donc frappé 5 689 personnes. Les familles des accusés, demeurées en Italie, touchaient une pension de l'État. Les opposants les plus durs se trouvaient souvent en résidence surveillée, parfois dans les îles italiennes de la Méditerranée ou au sud de la péninsule, dans des conditions difficiles, mais cependant pas inhumaines comparées aux camps nazis et aux goulags staliniens.

> En réalité, écrit l'historien italien Renzo De Felice, l'opposition au régime de Mussolini était bien moins répandue qu'on l'affirme communément : elle n'avait pas la force de se regrouper et de se manifester. Mais il serait plus grave encore de croire que le régime tenait debout contre la volonté des Italiens et par la répression féroce qu'il devait exercer sans trêve. En juin 1940, la situation particulière de l'Italie se caractérise par l'existence d'un grand consensus et la faiblesse de l'antifascisme[1].

Durant l'occupation de l'Europe par les Allemands et les Italiens, Mussolini et son armée s'opposent à la déportation des Juifs. À ce sujet, l'historien Pierre Milza, grand spécialiste de l'histoire italienne et du fascisme, écrit :

> Il reste avéré que, partout où ils se sont trouvés pendant la guerre en présence de communautés juives menacées d'extermination par les Allemands et par leurs alliés, les responsables militaires et les agents diplomatiques italiens [...] ont fait ce qu'ils pouvaient pour éviter le pire. En France, dans les neuf départements occupés par

1. *Renzo De Felice,* Mussolini, op. cit.

l'armée italienne après le débarquement allié en Afrique du Nord, et surtout à Nice où, à la suite des consignes très strictes données par le général Ambrosio, chef d'état-major général, on vit le commandant des carabiniers ordonner à ses hommes de s'opposer par la force aux policiers de Vichy venus arrêter, devant la synagogue du boulevard Dubouchage, les Juifs réfugiés dans la ville. En Albanie, où avaient fui de nombreux Juifs yougoslaves et bulgares. En Libye, où des instructions avaient été données dès 1940 pour que soit facilitée l'entrée des Juifs tunisiens et français résidant dans ce pays. En Grèce également, où, de la même façon qu'à Nice, le général Geloso, commandant de la 2e armée, finit lui aussi par faire garder la synagogue par des soldats italiens pour éviter des violences de la part des étudiants favorables aux nazis. À Larissa, il suffisait de se présenter au commandant italien et de dire que l'on était juif pour obtenir aussitôt l'autorisation de circuler dans un train militaire se rendant à Athènes. En Yougoslavie enfin, la zone d'occupation italienne – qui comprenait la moitié de la Croatie, la Dalmatie et le Monténégro – devint le refuge de Juifs pourchassés par les Allemands ou par les oustachis croates d'Ante Pavelic. Là aussi les Allemands et les Croates se heurtèrent à une double résistance italienne : celle de l'armée et celle des Affaires étrangères [...]. S'agissant des militaires, les cas sont nombreux d'initiatives individuelles allant dans le sens de la protection des Juifs. Citons par exemple le cas d'une unité blindée de l'armée italienne qui, en 1941 en Croatie, simula une opération contre des bandes de partisans parfaitement inexistantes, pour atteindre un groupe de Juifs en proie aux représailles des nationalistes croates, et les ramener en lieu sûr dans les chars[1].

Benito Mussolini s'oppose à la déportation des Juifs. L'avocat Serge Klarsfeld l'a clairement souligné dans un article du *Monde* du 11 mai 1985 :

> Après l'invasion de la zone libre par les Allemands, en novembre 1942, les autorités militaires italiennes protègent dans leurs nouvelles zones d'occupation les Juifs français et étrangers contre les mesures de Vichy, ainsi qu'en empêchant, au besoin par la force, les arrestations de Juifs. Des pressions allemandes s'exercent sur Mussolini qui décide, le 18 mars 1943, de transférer aux autorités françaises les pouvoirs de police sur les Juifs dans la zone d'occupation. Le lendemain même, il se ravise sous l'effet d'un document relatant les atrocités nazies à l'Est contre les Juifs. Le Duce confie le traitement de la

1. *Pierre Milza,* Mussolini, *Fayard, 1999.*

question juive dans sa zone d'occupation italienne à sa police civile. L'inspecteur général Spinoso, chargé de cette mission, se fait conseiller par Angelo Donati, Juif italien dont l'efficacité fut remarquable, et il continue à protéger systématiquement les Juifs.

Au cours du procès Eichmann à Jérusalem, voici ce qu'ont révélé les débats, d'après *Le Monde* du 13 mai 1962, sous le titre « Le gouvernement fasciste italien s'est toujours opposé à la déportation des Juifs » :

> Hier jeudi, les débats ont permis de rendre hommage à l'Italie pour une attitude encore plus méritoire que celle du Danemark. Car l'Italie, alliée de l'Allemagne, a formellement refusé l'alliance sur le terrain de la déportation raciale. Cette attitude, relativement facile jusqu'en 1943, demeura la même lorsque le gouvernement fasciste, replié dans le Nord, vit lui aussi le territoire envahi. Les documents produits ont amplement montré le sujet de préoccupation que fut pour le Reich ce qu'il appelait : le mauvais exemple italien. Les plaintes se succèdent pour démontrer le comportement de l'allié récalcitrant, dont l'influence se fait sentir en Croatie, en Bulgarie, en Slovaquie, où l'on refusa également la déportation des Juifs.

Au total, grâce à l'action courageuse de Mussolini et de nombreux Italiens, environ 85 % des Juifs se trouvant en Italie ont été sauvés de la déportation, faisant de ce pays le deuxième d'Europe pour l'importance du sauvetage des Juifs, après le Danemark et devant la France. L'action italienne en faveur des Juifs s'est également étendue à toute l'Europe. En Hongrie, durant l'occupation allemande, Giorgio Perlasca, ancien combattant des troupes fascistes italiennes en Éthiopie et en Espagne de 1935 à 1939, sauve 5 200 Juifs de la déportation avec l'aide de l'ambassade d'Espagne. Nous pourrions multiplier les exemples.

L'historien Jean Lopez écrit : « Le fascisme italien, comme son chef Mussolini, n'a jamais approché la cruelle et inhumaine violence du nazisme ou du bolchevisme. Avec peu de sang, il a obtenu, au moins jusqu'en 1936, un consensus quasi général dans la société, réduisant à rien l'antifascisme »[1].

Après son arrestation par le roi d'Italie en juillet 1943, Mussolini est libéré en septembre par un commando allemand, puis envoyé à Munich. Mussolini retrouve ensuite Hitler à Rastenberg et lui déclare qu'en se retirant de la politique il éviterait la guerre civile en Italie. Hitler s'y oppose avec force et lui ordonne, sous la menace de représailles massives contre la population italienne, de former rapidement un nouveau gouvernement fasciste en Italie du Nord, alors occupée par l'armée allemande. Mussolini n'est plus que l'otage des nazis.

---

1. Guerres & Histoire, *n° 43, juin 2018.*

Il tente de maintenir en Italie du Nord un semblant de souveraineté italienne, mais toutes ses décisions sont contrecarrées par celles des nazis. Cependant, certaines unités militaires italiennes, comme la Decima Mas du prince Borghese, défendent avec panache la partie nord-est de l'Italie d'une annexion yougoslave par les troupes de Tito. Ces mêmes troupes titistes qui commettent un véritable génocide ethnique contre 20 000 italophones peuplant la Dalmatie.

L'exécution de Mussolini, en avril 1945, par des partisans communistes italiens, à la solde des services secrets britanniques, arrange beaucoup de monde. Un procès de son vivant aurait obligé de nombreuses personnalités alliées à s'expliquer sur les déclarations d'admiration qu'elles avaient tenues pour cet homme et son régime durant les années 1920-1930. Mussolini conservait les lettres élogieuses de Churchill et de bien d'autres en monnaie d'échange. Jusqu'en 1935, Mussolini a entretenu les meilleures relations avec les démocraties occidentales, en s'opposant avec force à Hitler. L'accord de Munich de 1938, dont le Duce est le grand instigateur, a même offert aux Franco-Britanniques un sursis inespéré d'un an supplémentaire dans leurs préparatifs militaires. Mussolini a signé le Pacte d'acier avec Hitler pour l'empêcher de faire la guerre durant plusieurs années. Mussolini préparait une Exposition universelle à Rome en 1942. Le même Mussolini s'opposa à la déportation des Juifs, alors que la France de Vichy en fit déporter 76 000. Bref, un passé qu'il fallait à tout prix ne pas voir resurgir et qui aurait risqué, lors d'un procès, de troubler l'ordre manichéen de l'époque…

En conclusion, il est indéniable que, par son attitude souvent méprisante, la politique étrangère franco-britannique est en grande partie responsable du rapprochement de Mussolini avec Hitler. Certains auteurs estiment que cette alliance italo-allemande, du fait des proximités idéologiques des deux régimes, était inévitable. Rien n'est plus faux ! L'Italie a bien attaqué la Grèce en octobre 1940, alors que ces deux pays étaient particulièrement proches sur le plan politique : la Grèce vivant sous un régime autoritaire inspiré par un certain… Mussolini ! De plus, en juin 1941, Hitler a bien agressé Staline et son pays, alors que les deux hommes et les deux États totalitaires avaient bien plus de points en commun qu'avec les démocraties occidentales. Et que dire de la Chine nationaliste en guerre contre le Japon, également nationaliste ? Les enjeux territoriaux sont aussi importants que les antagonismes idéologiques, voire parfois plus déterminants.

Depuis la fin du XIXe siècle, de pseudo-théories « scientifiques » venant des États-Unis, de la Grande-Bretagne et de l'Allemagne présentent les populations de l'Europe du Sud comme décadentes, peu travailleuses, peu courageuses et roublardes. La politique étrangère britannique a été en partie contaminée par cette manière de considérer l'Italie comme peu sérieuse. Et la France, bien que liée culturellement avec sa « sœur latine », a basculé dans ce travers méprisant et infondé, afin de s'affirmer comme supérieure aux Italiens aux yeux des Britanniques. On a omis que l'alliance militaire franco-italienne a joué un rôle déterminant dans la défaite de l'Allemagne et de l'Autriche-Hongrie en 1918. Sans oublier la politique étrangère britannique d'apaisement, voire même d'entente avec l'Allemagne hitlérienne durant l'entre-deux-guerres, que Churchill, hélas écarté du pouvoir à l'époque, a qualifiée de désastre diplomatique.

Il est indéniable qu'une solide alliance militaire franco-britannique avec l'Italie aurait placé Hitler dans une situation intenable sur le long terme, la guerre sur deux fronts étant toujours fatale au pays qui doit la subir. Malgré la faiblesse de son armée, peu motorisée, l'Italie pouvait fixer dans les Alpes du Sud de nombreuses divisions allemandes, apportant ainsi un soutien considérable aux Franco-Britanniques sur le front occidental contre la Wehrmacht. Surtout qu'avec ses excellentes divisions alpines, l'armée italienne était en mesure d'inquiéter l'Allemagne dans une guerre en montagne. Divisions alpines italiennes qu'Hitler redoutait à juste titre. De plus, les puissantes marines britanniques, françaises et italiennes plaçaient la Kriegsmarine dans un état de totale infériorité numérique, condamnant l'Allemagne à se couper du reste du monde dans ses échanges économiques vitaux.

3

L'armée française commandée par deux généraux affaiblis et malades

COMMENT EXPLIQUER les incroyables erreurs tactiques et stratégiques des deux principaux chefs militaires français en mai 1940 ? Les généraux Maurice Gamelin et Alphonse Georges sont pourtant considérés comme de brillants officiers, aussi bien en France qu'à l'étranger.

Maurice Gamelin voit le jour le 20 novembre 1872 à Paris. Il est le fils d'un contrôleur des armées, blessé à la bataille de Solferino en 1859. Du côté maternel, les Ulrich sont d'origine alsacienne. Dès l'enfance, il manifeste un intérêt particulier pour les questions militaires. Après un brillant parcours scolaire au célèbre collège Stanislas, il intègre l'école militaire de Saint-Cyr en octobre 1891 et en sort major de promotion en 1893. Sa carrière d'officier débute en Afrique du Nord, au sein du 3e régiment de tirailleurs algériens. De retour en métropole en 1897, il sort deuxième au concours d'entrée de l'École supérieure de guerre. Esprit fin, cultivé, travailleur et particulièrement doué pour les études de tactique militaire, il passe un temps en état-major, puis prend en 1904 le commandement d'une compagnie du 15e bataillon de chasseurs à pied dans les Vosges. « Il seconde très intelligemment les efforts du chef de corps pour le développement de l'instruction tactique des officiers du bataillon, en prenant part à des séances facultatives de jeu de guerre, dont il dirige plusieurs exercices avec beaucoup de tact. Il s'attache en effet à la discussion des situations et se révèle un excellent conférencier[1] », écrit son biographe Pierre Le Goyet.

Le 1er mars 1906, le capitaine Maurice Gamelin est autorisé à publier son premier ouvrage, *Étude philosophique sur l'art de la guerre*[2], où il y développe le concept d'ensemble offensif et défensif, avec notamment le combat en retraite dans la guerre moderne. Nommé la même année officier d'ordonnance du général Joffre, commandant de la 6e division d'infanterie, Gamelin séduit son supérieur « par son zèle, son intelligence, sa facilité d'exposition. Il se dévoue avec passion, et les questions, même les plus ardues, sont toujours traitées à fond sans qu'il y ait rien à retoucher après lui[3] ». Lorsque le général Joffre est nommé au commandement du 2e corps d'armée, il s'empresse de le prendre avec lui. Gamelin se consacre avec le même

1. *Pierre Le Goyet,* Le Mystère Gamelin, *Les Presses de la Cité, 1975.*

2. *Capitaine Maurice Gamelin,* Étude philosophique sur l'art de la guerre, *Librairie R. Chapelot et Compagnie, 1906.*

3. *Archives militaires françaises, Vincennes.*

succès à la rédaction d'études et de conférences sur les sujets militaires.

Promu au grade de chef de bataillon en 1911, Gamelin prend le commandement du 11e bataillon de chasseurs à pied à Annecy, tout en étant proposé pour être chevalier de la Légion d'honneur. C'est un poste difficile au sein d'une unité où l'instruction des cadres et de la troupe laisse à désirer, où l'administration périclite par manque de direction. Or, en l'espace seulement de six mois, le commandant Gamelin améliore considérablement la situation, en présentant lors d'une manœuvre « une unité bien en main, se déplaçant avec souplesse et entrain[1] ».

Le 23 mars 1914, le général Joffre, chef d'état-major général, appelle Gamelin à ses côtés, car il a su apprécier par le passé les remarquables qualités professionnelles de son « poulain ». En effet, le général Joffre est très jaloux de son autorité, mais Gamelin lui semble suffisamment modeste et effacé. Il possède en plus une qualité assez rare : il sait écouter. Il devient ainsi le collaborateur et surtout le confident du futur vainqueur de la Marne.

Durant la Première Guerre mondiale, Gamelin rédige les instructions de Joffre, conduisant à la victoire française de la Marne en septembre 1914. Promu lieutenant-colonel en novembre 1914, il prend le commandement de la 2e demi-brigade de chasseurs à pied, avec laquelle il combat en Alsace et sur la Somme. Nommé colonel en avril 1916, il ne cesse de faire l'admiration de ses supérieurs, ainsi que des cadres et de la troupe qu'il commande avec

1. *Cité par Pierre Le Goyet,* Le Mystère Gamelin, op. cit.

compétence. Général en décembre 1916, il prend le commandement de la 9e division d'infanterie, qu'il conduit à la victoire, notamment dans la région de Noyon en 1918. Soucieux d'économiser la vie de ses hommes, il témoigne d'une grande habileté tactique en contenant et en repoussant les attaques allemandes, puis en contre-attaquant avec succès.

De 1919 à 1924, le général Gamelin dirige la mission militaire française au Brésil, puis prend le commandement des troupes françaises au Levant de 1924 à 1929. Soutenu tout au long de sa carrière par Édouard Daladier, il succède en 1931 au général Weygand au poste de chef d'état-major général. En 1935, il cumule la fonction de chef des forces terrestres françaises avec celle d'inspecteur général de l'armée, puis devient en 1938 chef d'état-major de la défense nationale, avec la mission de coordonner les trois armées (terre, air, marine). Gamelin joue alors un rôle déterminant dans la préparation militaire de la France à la guerre.

Ayant contracté en 1930 une neurosyphilis, Maurice Gamelin est soigné au Val-de-Grâce avec les médicaments de l'époque, à base de mercure et d'arsenic, mais sans succès. En 1933, les docteurs pensent avoir trouvé un nouveau remède, en vain. En 1935, les effets de la maladie, altérant ses facultés psychiques et intellectuelles, sont dissimulés au grand public, alors que la pathologie poursuit sa progression. Au début de l'année 1940, Gamelin apparaît à plusieurs officiers de son entourage comme un homme dépourvu de volonté. Il semble ignorer ce qu'agir veut dire. Le général Decamp, directeur de cabinet de Daladier, s'en plaint en relevant notamment l'impossibilité d'obtenir de Gamelin une réponse nette et précise. Dans les rapports qu'il adresse, on trouve le pour et le contre, mais jamais la position claire et tranchée. Gamelin souffrirait d'une forme de schizophrénie, marquée par des alternances d'euphorie et d'abattement. C'est bien des suites d'une paralysie générale, phase finale de la neurosyphilis, qu'il meurt en avril 1958.

Le général de Villelume remarque dans son *Journal d'une défaite* : « En 1936, Gamelin préconise de ne pas intervenir en Rhénanie, tandis qu'en mai 1938, il prétend pouvoir battre l'Allemagne. Jusqu'en 1939, il refuse d'entrer en Belgique et, en 1940, fait le contraire, puis prétend attaquer la ligne Siegfried en 1941[1]. »

Sa carence intellectuelle, son manque de rigueur dans l'analyse, ses exposés compliqués se perdant dans les détails, son manque de jugement, son entêtement jusqu'à l'absurde, son impulsivité, ses contradictions, son absence de pensée stratégique sur le maintien d'une importante force de réserve, son déni de la réalité s'expliquent par des troubles pathologiques de la mécanique cérébrale. Malgré l'évolution inquiétante de sa maladie, aucun médecin militaire du Val-de-Grâce ne se permet d'évoquer le chancre syphilitique du généralissime. Daladier, parfaitement au courant de la situation, fait semblant de ne pas savoir.

Le général Gamelin disperse sa réserve stratégique, en engageant inutilement en mai 1940

1. *Général Pierre de Villelume,* Journal d'une défaite, *Fayard, 1976.*

la puissante 7e armée française au secours de la Hollande, alors qu'elle aurait pu intervenir pour soutenir les faibles troupes françaises positionnées sur la Meuse. Les 6 divisions blindées françaises (3 divisions légères mécanisées et 3 divisions cuirassées), renforcées à la mi-mai 1940 par la 4e division cuirassée du général de Gaulle, sont engagées en majorité dans des contre-attaques décousues et mal coordonnées, sans soutien aérien, contre des forces allemandes plus mobiles et plus rapides, souvent plus nombreuses et appuyées par de nombreux avions d'assaut et de puissantes pièces de 88 mm, pièces antiaériennes transformées en canons antichars, capables de détruire un tank allié à 2 000 mètres.

Alors qu'en 1918, l'armée française dispose d'une réserve stratégique de 40 divisions en partie motorisées, qui vont sauver l'allié britannique en Picardie et dans les Flandres (mars et avril 1918), le général Gamelin, oubliant les leçons de la victoire de 1918, disperse en 1940 sa réserve stratégique, condamnant son pays à la défaite.

Le maréchal Montgomery écrit dans ses *Mémoires* : « Son mouvement en avant jusqu'en Hollande fut une des plus graves erreurs de Gamelin, car il rompit l'équilibre de tout le front nord-est. Les choses n'auraient sans doute pas si mal tourné si la 7e armée française avait été tenue en réserve pour contre-attaquer[1]. »

Sa maladie l'incite à se défausser constamment sur ses subordonnés. Son ordre général qui commence

---

1. *Bernard Montgomery,* Mémoires du maréchal Montgomery, *Nouveau Monde Éditions, 2014.*

par « sans vouloir m'immiscer dans la conduite des opérations » en témoigne éloquemment.

L'imprudente intervention en Belgique, décidée par le général Gamelin, rencontre des oppositions. Le général Blanchard, commandant de la 1re armée française, juge que « cette opération risque d'être livrée dans les pires conditions[1] ». L'armée belge et ses fortifications ne lui semblent pas suffisamment solides pour stopper le temps nécessaire l'offensive allemande. Il estime le délai minimal de la bonne mise en place du front allié sur la Dyle à une semaine. Or Gamelin estime de son côté que la ligne de la Meuse et de la Dyle présente un triple avantage : assurer un large glacis protecteur aux concentrations industrielles du Nord de la France, raccourcir le front de 70 kilomètres entre la ligne Maginot et la mer du Nord, offrir les meilleures chances de récupérer l'armée belge. Il se rend également compte de l'effet désastreux qu'aurait sur l'opinion publique l'abandon de la moitié de la Belgique, survenant après l'invasion de la Pologne. Le gouvernement britannique fait pression pour que la Belgique soit défendue le plus loin possible des côtes de l'Angleterre.

Les généraux français Georges et Blanchard estiment que seule une manœuvre plus réduite, sur les rives de l'Escaut, est jouable. Ils sont suivis par le général Prioux, commandant de l'unique corps mécanisé français, qui juge douteuse la capacité de résistance de l'armée belge. Gamelin s'entête et va même sacrifier l'excellente 7e armée du général

1. *Archives militaires françaises, Vincennes.*

Giraud dans une inutile et imprudente opération pour soutenir l'armée hollandaise, sacrifiant ainsi une force de réserve importante, qui aurait pu mettre en danger la percée des Panzerdivision sur la Meuse.

Le général Corap, commandant de la 9e armée sur la Meuse, juge également hasardeuse cette opération en Belgique. Il s'inquiète surtout de la faiblesse matérielle de ses divisions, devant tenir des positions disproportionnées à leurs moyens. Le général Giraud, pourtant connu pour son allant, considère l'intervention en Hollande comme imprudente et dangereuse. Le général Georges, clairvoyant, annonce qu'en « cas d'attaque ennemie en force se déclenchant au centre, nous pourrions être démunis des moyens nécessaires à la riposte[1] ».

Ces « moyens nécessaires à la riposte », que justement Gamelin va disperser de la Hollande aux Ardennes, au lieu de les concentrer à un endroit bien choisi pour prendre de flanc l'adversaire. Le général allemand Guderian estime que la principale erreur du général Gamelin est d'avoir dispersé sa force de réserve stratégique et d'avoir laissé le centre du front, où les Panzerdivision ont attaqué en masse, sous la défense de quelques divisions d'infanterie médiocres et diluées. Gamelin prend des décisions désastreuses et en laisse la difficile mise en application à ses infortunés subordonnés.

Mais il y a plus grave. Le général Gamelin est informé, dès le 1er mai 1940 par l'attaché militaire français à Berne, que « l'armée allemande attaquera

---

1. Ibid.

entre le 8 et le 10 mai sur l'ensemble du front, avec effort principal à Sedan[1] ». Or il n'y voit qu'une manœuvre de diversion et s'en tient à son opinion préconçue : l'effort principal de l'armée allemande se trouve au nord de la Belgique. Délaissant son aile droite, où pourtant le gros de l'armée allemande va attaquer en masse sur la Meuse, avec 50 divisions dont 7 Panzerdivision contre une dizaine de divisions françaises sous-équipées en armes antichars et antiaériennes, Gamelin disperse en plus ses meilleures réserves dans des opérations de colmatage sans lendemain, alors que regroupées elles auraient pu mettre en danger la percée allemande sur la Meuse.

On relève chez lui une faible capacité à mener les hommes du fait d'un manque de charisme, venant semble-t-il de l'évolution de sa maladie. La mauvaise organisation au plus haut niveau de l'armée française se signale par une multiplication des commandements. Ainsi, en Belgique en mai 1940, on ne sait pas trop qui commande la coalition alliée : est-ce le général Billotte, chef du 1er groupe d'armées du Nord, le général Georges, commandant du front nord-est, ou le général Gamelin, commandant en chef des forces militaires françaises ?

L'envoi d'un officier de liaison français auprès du commandement belge, seulement le 10 mai, est bien trop tardif pour coordonner les efforts militaires. Surtout que ce dernier découvre avec stupéfaction l'absence de fortifications où l'armée française est censée opposer une résistance sans esprit de recul.

---

1. Ibid.

Le général Gamelin privilégie les contacts avec les hommes politiques parisiens plutôt qu'avec sa troupe en première ligne. De plus, il fait abondamment usage du téléphone filaire, régulièrement coupé par les attaques aériennes allemandes à compter du 10 mai 1940, au lieu de l'efficace radio de campagne pour transmettre ses directives ; plus grave, il utilise de simples coursiers comme au XIXe siècle. Le processus de décision du commandement français se trouve ainsi nettement plus lent que celui des Allemands.

Malgré les nombreux avertissements de ses services de renseignements militaires lui dévoilant le déroulement de l'offensive allemande principale sur la Meuse, sans oublier les nombreux rapports de son aviation de reconnaissance découvrant l'importante progression des Panzerdivision dans les Ardennes, Gamelin s'entête à n'y voir qu'une diversion. D'après lui, la forêt des Ardennes est impénétrable aux divisions blindées, et le fleuve de la Meuse représente un magnifique obstacle antichar. Il se trompe sur l'axe réel de l'offensive allemande, engage imprudemment ses meilleures troupes en Belgique sans connaître l'état réel des fortifications belges devant les accueillir, disperse surtout ses importantes réserves, comme l'excellente 7e armée et ses 3 divisions cuirassées. Il refuse d'écouter les nombreux avertissements du général Corap, commandant de la 9e armée française, tenant une large partie du front de la Meuse, lequel l'informe régulièrement de la faiblesse de ses moyens militaires en chars, canons antichars et antiaériens, avec des divisions d'infanterie devant tenir chacune des fronts disproportionnés de 20 à 40 kilomètres, alors que ces types d'unités sont programmés pour en défendre 6.

Au sujet des raisons de la défaite française de 1940 sur la Meuse, les historiens Hugues Wenkin et Yannis Kadari écrivent avec justesse :

> Côté allemand, les officiers jouissent d'une souplesse importante pour remplir leur mission. En substance, ils ont des objectifs à prendre et sont chargés de faire ce qu'il faut pour atteindre les résultats demandés tout en restant libres de la méthodologie à appliquer. Pour fluidifier les opérations, les ordres circulent par radio et souvent en clair. Côté français, en revanche, les informations peinent à être transmises le long des voies hiérarchiques. C'est ce qui explique en partie une certaine « inertie » au sein des unités françaises. Par exemple, il faut attendre 5 heures, le 13 mai, soit un délai de six heures entre l'événement constaté sur le terrain par les avant-postes et le compte rendu à l'autorité supérieure, pour que le général Martin, commandant le 11e corps d'armée, apprenne l'infiltration ennemie sur l'île de Houx. Le général Corap, chef de la 9e armée, ne sera informé de la situation que sur les coups de midi, soit avec sept heures supplémentaires… Ce jour-là, il ne faudra pas moins de vingt-quatre heures pour que les troupes françaises

> reçoivent l'ordre de contre-attaquer ! Autant dire qu'entre-temps, les Allemands auront fait le nécessaire pour renforcer leurs têtes de pont et préparer la poursuite de leurs opérations offensives[1].

De son côté, l'historien allemand Karl-Heinz Frieser constate : « Avant qu'un ordre important soit seulement parvenu à la troupe, il était en général dépassé. Dans cette campagne, en fait, les Français n'ont jamais réussi à prendre l'initiative. Ils ont eu du mal à mener des actions à un quelconque moment, et en général, leurs réactions sont arrivées trop tard[2]. » Et il ajoute : « L'effondrement de l'armée française n'est pas à imputer aux soldats, mais à leur commandement. Quand on les a engagés à bon escient, en effet, ces hommes ont toujours donné des exemples étonnants de bravoure. »[3]

Naturellement, dans ses mémoires, le général Gamelin tente de se justifier, en soulignant notamment qu'il préparait une importante contre-offensive le jour même de son remplacement par le général Weygand, le 19 mai 1940, mais oublie bien entendu de mentionner ses nombreuses erreurs précédentes, rendant la situation fortement compromise.

---

1. *Hugues Wenkin et Yannis Kadari,* Batailles & Blindés, *n° 14, mai-juin 2006, éditions Caraktère.*

2. *Karl-Heinz Frieser,* Le Mythe de la guerre éclair. La campagne de l'Ouest de 1940, *Belin, 2003.*

3. Ibid.

*
* *

Le cas du général Alphonse Georges est tout aussi significatif. Né le 19 août 1875 à Montluçon dans un milieu modeste, d'un père contremaître dans une verrerie, il obtient d'excellents résultats scolaires à Saint-Amand-Montrond et à Bourges. Fasciné par l'univers militaire, il intègre l'école de Saint-Cyr en 1895. Sorti troisième de sa promotion en 1897 sur 578 élèves, il choisit de servir dans l'infanterie, intègre le 1er régiment de tirailleurs à Alger, un des meilleurs de l'armée française. En Afrique du Nord, il participe à la pacification du Sahara, puis réussit brillamment le concours de l'École supérieure de guerre en 1903. Aide de camp de Picquart, ministre de la Guerre dans le gouvernement Clemenceau, il découvre le monde politique.

Le capitaine Georges retourne ensuite en Algérie, afin de commander la 15e compagnie du 2e régiment de tirailleurs stationnée à Alger. Lors d'un accrochage avec des rebelles, il reçoit les félicitations du général Lyautey pour sa brillante conduite au feu. En 1912, il accomplit avec succès la mission d'incorporer massivement des « indigènes » dans les rangs de l'armée d'Afrique. Joffre, impressionné par les qualités de ce jeune officier prometteur, le fait affecter à l'état-major de l'armée de Paris. Sous les ordres du général de Castelnau, il prépare la mobilisation de plusieurs millions d'hommes, en cas de conflit contre l'Allemagne.

En août 1914, le capitaine Georges sert à l'état-major de la 2e armée du général de Castelnau.

Début septembre, il obtient le commandement d'un bataillon du 122e régiment d'infanterie, mais est grièvement blessé au combat dès le 11 septembre. Malgré plusieurs mois de convalescence, il ne peut reprendre le commandement d'une unité combattante, d'autant que le général Joffre tient à l'avoir avec lui à l'état-major de Paris.

En octobre 1916, le commandant Georges rejoint l'armée française d'Orient, mais se dispute avec son supérieur hiérarchique principal, le général Sarrail. Il participe cependant à la délicate mission de destituer le roi de Grèce Constantin Ier, jugé trop favorable aux Allemands, permettant ainsi à ce pays de lutter aux côtés des Alliés. De retour en France, le lieutenant-colonel Georges devient un des plus proches collaborateurs du maréchal Foch, comme chef du bureau des théâtres d'opérations extérieures, prenant ainsi une part déterminante à l'offensive victorieuse du général Franchet d'Esperey dans les Balkans en septembre 1918, marquée par la défaite de l'armée bulgare.

Promu colonel en décembre 1919, il prend le commandement du 64e régiment de tirailleurs à Spire, en Allemagne, lors de l'occupation française de la Ruhr, puis devient chef d'état-major du général Degoutte, commandant désigné de l'armée des Alpes en cas de conflit. Le maréchal Pétain l'appelle à ses côtés pour le seconder lors de la guerre du Rif au Maroc. Georges conçoit en grande partie le plan qui permet d'écraser la résistance des rebelles. En septembre 1928, promu au grade de général, il prend le commandement de la division d'Alger, mais, au bout d'une année, il rejoint Paris, en tant que chef de cabinet du nouveau ministre de la Guerre André Maginot. En mars 1931, le général Georges dirige le prestigieux 19e corps d'armée en Afrique du Nord. Calme, posé, modeste, compétent et obstiné, il est apprécié aussi bien par les militaires que par les politiques.

En novembre 1932, Alphonse Georges est promu général d'armée. On voit en lui le futur généralissime de l'armée française en cas de conflit avec l'Allemagne, ce qui entraîne une réelle rivalité avec le général Gamelin, qui ne l'aime guère.

Le 9 octobre 1934, le général Georges est grièvement blessé à Marseille, lors de l'attentat coûtant la vie au roi Alexandre Ier de Yougoslavie et au ministre français Louis Barthou. C'est finalement le général Gamelin qui prend le poste de commandant en chef de l'armée française, en janvier 1935, en remplacement du général Weygand, atteint par la limite d'âge. Gamelin cherche à écarter son rival, le général Georges, en l'envoyant inspecteur des troupes d'Afrique du Nord, tout en lui confiant certaines missions, comme la rédaction des règlements d'emploi des grandes unités, ainsi que la direction des grandes manœuvres.

Bien que diminué physiquement et psychiquement après sa blessure à Marseille en 1934, le général Georges s'inquiète de l'impréparation de l'armée française, du manque d'entraînement des réserves, de la faiblesse de la motorisation, des importantes carences de l'aviation, etc. Mais le général Gamelin n'a que faire des mises en garde de son rival.

En septembre 1939, le général Georges devient en principe l'adjoint du général Gamelin pour le commandement du front du Nord-Est, mais ses prérogatives sont réduites : on lui retire ses meilleurs collaborateurs, et Gamelin lui impose la mise en place d'un plan qu'il désapprouve totalement, dont notamment l'engagement de la puissante 7e armée française en Hollande, réduisant ainsi à néant la réserve stratégique. Profondément abattu par la percée des Panzerdivision dans les Ardennes, Georges sombre à plusieurs reprises dans des crises de larmes en public, notamment en présence de Churchill. Gamelin fait tout son possible pour lui faire endosser la responsabilité de la défaite, alors qu'il a justement tout fait pour l'éviter. Les ordres de contre-attaque arrivent souvent trop tard. Le commandement français est totalement dépassé par la vitesse de progression des Panzerdivision.

Le 19 mai 1940, l'incompétent Gamelin est enfin remplacé par le général Weygand, si bien que Georges peut retrouver toute sa liberté de mouvement, mais la situation militaire semble déjà fortement compromise, d'autant que l'allié britannique envisage de rembarquer son important corps expéditionnaire. Avec la destruction d'une partie des armées françaises du Nord, Georges dispose de trois fois moins de divisions et d'avions que l'adversaire allemand. Il tente d'établir cependant un front solide sur la Somme et l'Aisne au début de juin 1940 qui, en plusieurs endroits, tient en échec la puissante Wehrmacht, mais le rapport des forces en présence ne laisse aucune chance de rétablissement militaire sur le long terme. C'est un homme affaibli physiquement et moralement qui doit endosser les errements tactiques et stratégiques du général Gamelin.

Après l'armistice du 22 juin 1940, le général Georges organise durant plusieurs semaines l'armée de Vichy, limitée en métropole à 100 000 hommes. Il participe à la constitution de nombreux dépôts clandestins d'armes et d'équipements en zone « libre ». Atteint par la limite d'âge en août 1940 (65 ans), il est placé temporairement à la retraite. Cependant, Churchill organise en 1943 son évasion, afin qu'il puisse seconder le général Giraud en Algérie. Il participe activement au Comité français de libération nationale de juin à novembre 1943. Mais le général de Gaulle, voyant en lui un partisan de son rival (le général Giraud), l'écarte définitivement de toute activité militaire ou politique. Il décède au Val-de-Grâce à Paris, le 24 avril 1951, à l'âge de 75 ans[1].

L'historien Max Schiavon (colonel) écrit avec justesse :

> Cela peut surprendre dans la bouche d'un officier comme moi, mais je pense que Georges a été trop discipliné. C'est Lyautey qui disait que « l'obéissance d'un général n'est pas la même que celle d'un caporal ». Le salut du pays étant en cause, il aurait dû ruer dans les brancards pour alerter, démissionner avec fracas. Ce n'était malheureusement pas dans son tempérament, et il avait peur qu'un tel geste nuise

1. *Lire l'excellent ouvrage de Max Schiavon,* Le Général Georges, un destin inachevé, *éditions Anovi, 2009.*

au moral de l'armée, déjà pas fameux. Une autre leçon très importante concerne les rapports entre les militaires et les responsables politiques. On voit bien, dans les années 1930, la méfiance malsaine qui s'instaure entre ces deux mondes. Les différents responsables politiques ont nommé à la tête de l'armée des généraux dissemblables (Gamelin et Georges), aux caractères contraires, qui se neutralisent et donc ne leur faisaient pas de l'ombre. Or, ce choix des élites militaires est crucial. La question du loyalisme ne se posant plus, les dirigeants politiques ne doivent pas hésiter à nommer des chefs militaires au tempérament fort, possédant en outre un brin d'originalité. Il est clair que, dans l'intérêt du pays, des officiers généraux doivent être impliqués dans l'appréciation de la situation internationale, voire dans certains choix de politique étrangère. Un dernier point me vient à l'esprit après avoir étudié le parcours, non seulement de Georges, mais de bien d'autres généraux de 1940 : sélectionner les premiers de la classe, c'est très bien, mais en les passant au tamis de la volonté, de l'énergie et du courage[1].

---

1. *Interview de Max Schiavon par Jean-Dominique Merchet,* Libération, *25 mai 2010.*

4

Édouard Daladier l'irresponsable

L'HOMME POLITIQUE FRANÇAIS qui a placé toute sa confiance dans le général Gamelin, pour commander l'armée française, est Édouard Daladier, qui mérite à lui seul un chapitre, vu ses lourdes responsabilités durant cette période.

Né le 18 juin 1884 à Carpentras dans le Vaucluse, fils de boulanger, Édouard Daladier est un élève brillant, qui obtient la première place à l'agrégation d'histoire-géographie. Professeur d'histoire au lycée de garçons de Nîmes en 1909, il est élu maire de Carpentras en 1911. Mobilisé en 1914, il combat avec courage, revient en 1918 avec le grade de lieutenant, la Légion d'honneur et quatre citations. Il revient également de la guerre en partie traumatisé par l'importance considérable des pertes humaines et se voue, dans un premier temps, à une politique pacifique de réconciliation avec l'Allemagne. Élu député radical du Vaucluse de 1919 à 1940, il participe au gouvernement du Cartel des gauches (1924-1926). Après avoir occupé plusieurs postes ministériels, il est nommé président du Conseil, à savoir chef du gouvernement, en 1933 et en 1934. En tant que chef du Parti radical, il participe au rassemblement de la gauche pour les élections de juin 1936, marquées par l'alliance des communistes, des socialistes et des radicaux. Il devient ministre de la Défense du Front populaire de 1936 à 1937. De nouveau président du Conseil en avril 1938, il déclare la guerre à l'Allemagne le 3 septembre 1939, à la suite de l'attaque de la Pologne. Renversé en mars 1940, il est néanmoins présent au gouvernement en tant que ministre de la Défense nationale et de la Guerre, dans le cabinet de son successeur Paul Reynaud.

Durant l'entre-deux-guerres, Daladier défend la politique défensive de la France, la construction de la ligne Maginot, se méfie des idées novatrices du colonel de Gaulle au sujet des chars et d'une armée de métier, fait nommer Gamelin au plus haut poste de l'armée française. Fidèle allié de la Grande-Bretagne, il se fait berner par la politique d'apaisement de Neville Chamberlain, Premier ministre anglais, voyant en Hitler une personne fréquentable, puis se ravise par la suite. Au sein du gouvernement du Front populaire, il suit la politique italophobe de Léon Blum, laquelle conduit à jeter Mussolini dans les bras d'Hitler. N'ignorant rien de l'impréparation militaire de la France, il déclare cependant la guerre à l'Allemagne en septembre 1939, et approuve le plan désastreux du général Gamelin d'intervenir en Belgique et en Hollande en mai 1940.

Il est surnommé par ses admirateurs « le taureau du Vaucluse », mais Winston Churchill, nullement dupe à son sujet, ajoute cruellement : « le taureau avec des cornes d'escargot[1] ». En effet, Churchill critique sa prudence, ses hésitations et son énergie plus apparente que réelle.

Le témoignage du colonel Paul Paillole, un des chefs français du renseignement militaire, apporte un éclairage éloquent sur la personnalité du « taureau du Vaucluse ». Paillole n'est pas n'importe qui : né le 18 novembre 1905 à Rennes, pupille de la nation (son père est mort au front en 14-18), il accomplit ses études secondaires au lycée Thiers de Marseille, puis s'engage dans l'armée en octobre 1925. Saint-cyrien de la promotion « Maroc et Syrie » en 1925-1927, il est affecté avec le grade de sous-lieutenant au 17e régiment de tirailleurs algériens (RTA) en octobre 1927 et ensuite au 21e RTA en janvier 1929. Lieutenant en octobre 1929, il est admis à l'école des officiers de gendarmerie de Versailles l'année suivante, puis envoyé comme stagiaire au 7e régiment de chasseurs, en avril 1931. En novembre 1935, Paillole rejoint le 2e bureau de l'état-major de l'armée, plus spécialement le service de renseignement, dirigé par le colonel Louis Rivet. Promu au grade de capitaine en juin 1936, il est responsable du service de contre-espionnage contre l'Allemagne, succédant au commandant de Robien, sous les ordres du lieutenant-colonel Guy Schlesser.

> Je suis arrivé là très anxieux de connaître la tâche qui allait être la mienne, raconte Paul Paillole. J'avais cru

---

1. *Winston Churchill,* Mémoires sur la Deuxième Guerre mondiale, *La Palatine, 1949.*

un moment que le 2e bureau auquel j'étais affecté s'occupait de l'étude des « armées étrangères », quelque chose d'assez vaste, un peu un travail de bibliothécaire... En réalité, j'étais affecté au service de renseignement, camouflé dans le 2e bureau. Le service de renseignement et le service de contre-espionnage étaient totalement indépendants du 2e bureau proprement dit, mais bénéficiaient de sa couverture. C'était le 2e bureau SR (service de renseignement), SCR (section de centralisation des renseignements et contre-espionnage). Le service auquel j'ai été affecté en 1935 était celui qui, en France, centralisait le mieux les renseignements du contre-espionnage. Y compris ceux de la Sûreté nationale, de l'Intérieur, même de la préfecture de police. De nos jours, on entend parler de jalousies, de rivalités entre différents services chargés de l'espionnage et du contre-espionnage. Elles n'existaient pas à l'époque, et cela a duré jusqu'au début de la guerre. Il y avait entre les services militaires et les services civils une confiance absolue dans le travail, et personne ne contestait la vocation centralisatrice des renseignements par les services militaires. Nous étions un peu le moteur, lorsqu'il s'agissait de lancer des opérations qualifiées de contre-espionnage, parce que nous avions en main tous les renseignements de base, qui pouvaient orienter les enquêtes et les faciliter. La recherche du renseignement ne se faisait pas uniquement dans le domaine militaire, mais également dans le domaine de l'industrie, de l'armement, dans le domaine même, par moments, politique. Par exemple, la recherche des intentions d'un gouvernement comme celui d'Hitler, c'était tout de même une recherche politique. Donc, il est faux de croire et de dire que nos services, avant guerre, avaient une conception étroite de leur mission, et que cette dernière se bornait à la recherche du renseignement purement militaire. Nous n'avons pas été très longs à nous apercevoir que l'ennemi, en l'occurrence essentiellement l'Allemagne, ne bornait pas son activité à la recherche du renseignement de caractère militaire et qu'il avait tendance, par son organisation et sa façon d'opérer, à s'ingérer dans tous les rouages de la nation pour avoir une action secrète au profit des buts poursuivis par Hitler. Ce fut une révélation formidable, apparue comme une évidence éclatante à partir de 1936-1937. On a vu l'Abwehr, les services spéciaux militaires allemands, essayer de circonvenir des journalistes, payer largement des rédacteurs de journaux pour que, petit à petit, le venin national-socialiste s'infiltre chez nous. On a vu l'action de groupes politiques qui allaient dans le sens que souhaitait la politique d'Hitler, et tout cela

> financé plus ou moins par l'Abwehr. Notre mission s'est progressivement ouverte vers d'autres horizons beaucoup plus importants et beaucoup plus dramatiques que la recherche de l'espion : l'action de la propagande allemande, le sabotage entrepris par les services spéciaux allemands du moral de la France, toute cette action dont on a vu les effets à partir de 1939 et 1940. Il n'est pas douteux que l'activité des services ennemis, que nous avons dénoncée, a été déterminante pour le comportement de la nation française au moment de la guerre. Dès mon entrée dans les services de renseignement et de contre-espionnage, on m'a confié de lourdes responsabilités. Durant deux ans, j'ai dirigé la section allemande et, de ce poste d'observation privilégié, j'ai mesuré les dangers qui menaçaient la France. Mes avertissements tombèrent dans l'indifférence et le laxisme ambiant[1].

Le capitaine Paillole expérimente à l'époque la difficulté des agents de renseignement à convaincre les politiques et certains chefs militaires. Ainsi, durant l'été 1937, il parvient à obtenir, avec l'appui du colonel Rivet, une audience privée auprès d'Édouard Daladier, alors ministre de la Défense nationale dans le gouvernement du Front populaire. Paillole lui propose un plan pour abattre Hitler qui se résume ainsi : « Un Français, tireur d'élite de

1. *Entretiens de l'auteur avec Paul Paillole en juin 1990.*

nos services, habite à Berlin un immeuble qui surplombe la caserne où se rend une fois par mois le Führer. Muni d'un fusil à lunette, il peut l'abattre. Notre tireur est atteint d'un cancer en phase terminale. Même capturé, il se taira et mourra quelque temps après en prison. Le IIIe Reich aura été frappé en pleine tête[1]. » Mais la naïveté et l'incompréhension à l'époque de Daladier, devant le danger allemand, valent à Paillole la réponse suivante du ministre de la Défense nationale : « On n'assassine pas le chef de l'État d'un pays voisin[2] ! »

En juin 1939, Paillole parvient à obtenir l'expulsion de France d'Otto Abetz. Cet agent nazi, travaillant au service allemand des affaires étrangères, infiltre depuis 1935 la vie politique et intellectuelle française. Il est surtout un espion redoutable, d'autant plus dangereux qu'il se déclare francophile :

> Nous avons eu la conviction, étayée d'ailleurs par des renseignements de source absolument sûre, qu'Abetz était extrêmement dangereux pour l'avenir de notre pays, raconte Paillole. Nous l'avons fait expulser grâce au concours de fonctionnaires subalternes du ministère de l'Intérieur, qui ont compris notre problème et qui ont provoqué par esbroufe, si je peux dire, la signature d'expulsion par le ministre de l'Intérieur. Au ministère des Affaires étrangères, ce fut un cri de

1. Ibid.

2. Ibid.

> réprobation à tel point que Daladier a fait appeler notre patron en lui disant : « Vous êtes fou ! Vous avez sollicité et obtenu l'expulsion d'Abetz ! Il faut annuler cette mesure immédiatement ! » Nous avons fait obstruction, et Abetz est resté sous le coup de l'expulsion jusqu'au moment où il est revenu en France avec les fourgons du vainqueur de juin 1940. Voilà dans quelles conditions travaillait le service de contre-espionnage. Nous, on voyait toute une partie de l'élite française aller, les yeux bandés, vers le désastre. On l'a dénoncé. Mais ça n'allait pas plus loin[1].

Le 3 octobre 1939, le capitaine Paillole est versé au 5e bureau (contre-espionnage) de l'état-major de l'armée. Ses services acquièrent dès mars 1940 la conviction que l'armée allemande se prépare à attaquer massivement dans les Ardennes, contournant ainsi la ligne Maginot. Mais le général Maurice Gamelin, commandant en chef de l'armée française, est persuadé que la forêt des Ardennes est infranchissable aux Panzerdivision. Il ne donne pas suite à ces renseignements d'une extrême importance ! Daladier, à ce sujet, accorde un soutien inconditionnel à Gamelin.

Et pourtant, dès mars 1940, le général allemand Erich von Manstein propose à Hitler une vaste offensive, qui prévoit d'envahir la Hollande et la Belgique, de manière à attirer vers le nord les

---

1. Ibid.

meilleures unités alliées. Si les Franco-Britanniques viennent à tomber dans ce piège, une autre offensive dans les Ardennes, marquée par la rupture du front français à Sedan, doit encercler les divisions alliées engagées en Belgique. La rapide percée des Ardennes permettra ensuite de remonter vers l'embouchure de la Somme. Une fois assuré le contrôle des côtes de la Manche, et sans avoir trop mis à l'épreuve les Panzerdivision, la Wehrmacht pourra diriger son attaque vers le cœur de la France. Comme ce fut le cas en Pologne, les assauts allemands combinent l'utilisation massive de l'aviation et des chars. Les unités d'infanterie doivent ensuite nettoyer les poches de résistance, sans que cela entrave la percée en profondeur des unités blindées.

Les 2e et 5e bureaux français informent ainsi leurs chefs militaires des plans allemands d'invasion de la France, mais Gamelin et Daladier ne veulent rien entendre. Paillole enrage. De septembre 1939 à avril 1940, Gamelin s'enferme le plus souvent au fort de Vincennes, entouré de ses fidèles serviteurs, fuyant la réalité de la vie quotidienne de la troupe en première ligne. On l'a flanqué de deux coadjuteurs, le général Colson et le général Georges. Colson n'est pas dérangeant : partisan des fortifications, il s'intéresse peu à l'offensive. Georges pourrait lui faire ombrage. Ce n'est cependant pas un intrigant. Son expérience de la guerre relève néanmoins du mythe. Grièvement blessé dès 1914, il a passé le reste du conflit en état-major ou en liaison. Il n'a exercé aucun commandement important au combat. Gamelin lui laisse cependant le commandement du front du Nord-Est, tout en le méprisant.

Deux chefs excellents, les généraux Billotte et Héring, assurent la mécanisation de l'armée. Billotte, personnage énergique qu'une vieille rivalité oppose à Gamelin, se voit confier le commandement du groupe d'armées du Nord, constitué des meilleures divisions françaises. Héring, ancien commandant de l'École de guerre, ne ménage pas ses critiques à l'égard des politiques, si bien que Gamelin ne cherche guère à le mettre en avant.

Le commandement français est divisé entre un courant novateur, persuadé de l'efficacité des divisions blindées, et un autre conservateur, fasciné par la ligne Maginot. Gamelin cherche à concilier les deux pour ne pas déplaire aux politiques, qui soutiennent l'un ou l'autre. Les années Weygand, de 1931 à 1935, ont été fécondes sur le plan de la modernisation de l'armée. Mais le général Weygand, rival de Gamelin, est éloigné de l'Europe par un poste de commandement au Moyen-Orient en 1939.

En juin 1940, Daladier fait partie de ceux qui veulent poursuivre la guerre en Afrique du Nord. Mis en état d'arrestation par le maréchal Pétain à son arrivée au Maroc, il est ensuite transféré en France et emprisonné à divers endroits, car accusé d'être l'un des responsables de la défaite de 1940. En février-avril 1942, il comparaît au procès de Riom, avec Léon Blum et d'autres personnalités politiques et militaires. Le procès tournant à la confusion, dans un contexte peu objectif dû au régime de Vichy et à la présence proche des nazis, est interrompu. Livré aux Allemands après l'invasion de la zone « libre », Daladier est interné en avril 1943 dans la région de Weimar en Allemagne, puis dans le Tyrol.

Libéré par les Américains en mai 1945, Daladier témoigne au procès du maréchal Pétain, accusant ce dernier de tous les maux, afin de faire oublier ses lourdes responsabilités dans la défaite de 1940. Le « vieillard de Vichy » devient le bouc émissaire idéal de toutes les turpitudes ayant conduit à l'invasion de la France.

Daladier reprend ses activités politiques, en tant que député en 1946, puis maire d'Avignon en 1953. Il soutient le cabinet de Pierre Mendès France, préside le Rassemblement des gauches républicaines en 1957. En juin 1958, il vote contre l'investiture du général de Gaulle et l'attribution des pleins pouvoirs au gouvernement. Il décède le 10 octobre 1970. Grâce à ses nombreuses protections politiques, il n'est nullement inquiété après la guerre au sujet de ses indéniables responsabilités dans la défaite militaire de la France en 1940.

5

L'impréparation militaire française et plan désastreux

LE 10 MAI 1940, jour de l'offensive allemande à l'Ouest, l'armée française repose sur 94 divisions, 2 262 chars et 1 300 avions (630 chasseurs, 270 bombardiers et 400 appareils de reconnaissance). Le corps expéditionnaire britannique, présent en France, comprend 10 divisions, 318 chars et 456 avions. L'armée belge aligne 22 divisions, 306 chars et 180 avions. L'armée hollandaise est forte de 10 divisions, 40 chars et 152 avions. Soit au total dans le camp allié : 136 divisions, 2 926 chars et 2 088 avions. L'armée allemande engage de son côté 140 divisions, 2 683 chars et 3 900 avions (1 500 chasseurs, 1 500 bombardiers et 900 appareils de reconnaissance).

Il apparaît clairement que l'aviation allemande, plus nombreuse, surclasse également ses adversaires par la qualité technique de ses appareils, souvent plus rapides et mieux armés. Le seul chasseur français Dewoitine D520 pouvant rivaliser avec les meilleurs avions de la Luftwaffe est réduit à 36 exemplaires en mai 1940. Le gros de la chasse française est équipé du Morane-Saulnier 406, maniable mais inférieur en vitesse (485 km/h) et en armement (1 canon de 20 mm et 2 mitrailleuses de 7,5 mm) à son principal rival, le Messerschmitt 109E (575 km/h, 2 canons de 20 mm et 2 mitrailleuses de 7,92 mm).

Sur les 2 262 chars français modernes disponibles en première ligne, seulement 853 sont armés d'un canon efficace dans la lutte antichar. Le reste se compose de 1 409 chars armés du canon de 37 mm modèle 1918, à faible vitesse initiale, capable de percer seulement 15 mm de blindage, alors que 2 043 des 2 683 chars allemands ont un blindage épais de 20 à 30 mm (Panzer II, III, IV, Skodas) et sont équipés de canons capables de percer 30 à 40 mm de blindage. De plus, seulement 25 % des chars français sont dotés de radios pour manœuvrer efficacement, alors que presque tous les chars allemands ont la radio émission-réception. Les tourelles monoplaces de tous les chars français tirent deux à trois fois moins vite que les tourelles allemandes à deux ou trois tankistes. Si les chars français ont un blindage plus épais (40 à 60 mm) que leurs rivaux allemands (15 à 30 mm), ils sont cependant plus lents (20 km/h en moyenne contre 40 km/h) ; seul l'excellent Somua S35 peut rivaliser en vitesse avec les meilleurs panzers. L'autonomie de la majorité des blindés français est souvent réduite à 150 kilomètres, alors que celle des tanks allemands peut atteindre le double. Le char lourd B1 bis français, puissamment armé et blindé, nécessite un ravitaillement en essence régulier, réduisant grandement son autonomie et donc sa capacité de combat.

La masse principale des chars français se trouve dispersée en une trentaine de bataillons et en une douzaine de compagnies sur l'ensemble du front, afin d'appuyer l'infanterie, comme en 1918. Seulement 960 des 2 262 chars français sont organisés en 3 divisions légères mécanisées et 3 divisions cuirassées, alors que les 2 683 chars allemands sont regroupés en 10 Panzerdivision.

Les divisions blindées françaises, aussi bien cuirassées que légères mécanisées, souffrent de nombreux défauts au niveau de l'organisation et de la dotation en matériel : transmission rudimentaire, DCA quasi inexistante, infanterie motorisée et artillerie portée souvent insuffisantes, système de ravitaillement en essence lent et archaïque, absence de moyens de franchissement des fleuves et autres rivières. À la différence de leurs rivales françaises, les Panzerdivision représentent chacune une véritable petite armée, capable de combattre de manière indépendante, avec de nombreux chars, une puissante infanterie motorisée, une DCA et une artillerie motorisée très efficaces, un système de transmission moderne. Elles disposent également de moyens de ravitaillement en essence performants ainsi que d'excellentes unités du génie.

Les divisions blindées françaises sont équipées pour colmater les brèches dans le dispositif de défense, contre-attaquer, couvrir la mise en place des unités d'infanterie, voire effectuer une percée limitée, en attendant le ravitaillement en essence provenant des camions-citernes ou des chenillettes, qui représentent d'excellentes cibles pour l'aviation allemande ! Les Panzerdivision, dotées de nombreux bidons d'essence, sont censées pénétrer en profondeur dans les défenses adverses, sans attendre d'être ravitaillées.

En fait, c'est bien l'excellente doctrine d'emploi des unités blindées qui donne à l'adversaire allemand sa supériorité, sans oublier le soutien de l'aviation, capable d'intervenir à tout moment pour appuyer les unités au sol, alors que la coopération terre-aviation est totalement défaillante du côté français. Le combat interarmes (infanterie, chars, artillerie, aviation, transmission, logistique) atteint la perfection du côté allemand, à l'inverse des rangs français. L'armée française, murée dans une tactique défensive, a perdu ce qui a fait sa puissance en 1918 : des moyens offensifs parfaitement organisés à tous les échelons et des unités de différentes armes se soutenant mutuellement.

Avec un retard de trois années dans le réarmement et la modernisation de son armée de terre et de son aviation, la France est lourdement handicapée face à une Allemagne qui a parfaitement tiré les leçons de sa défaite de 1918, en se dotant d'un outil militaire efficace et puissant. À titre d'exemple, l'armement antiaérien français repose sur 3 800 canons souvent vétustes, alors que du côté allemand on dénombre 9 300 pièces modernes.

Il est vrai qu'une large partie de l'infanterie allemande n'est pas motorisée. Mais elle est souvent mieux entraînée au combat offensif, plus mobile, et sait admirablement infiltrer les positions adverses, provoquant souvent la retraite de tout un dispositif défensif, par crainte de débordement et d'encerclement. Cette tactique a déjà été employée lors des offensives allemandes de mars et avril 1918, ayant causé l'effondrement des défenses britanniques en Picardie et dans les Flandres, sauvées de justesse par des renforts français.

Ainsi, pour barrer l'avance de la 1re Panzerdivision dans les Ardennes, le commandement français positionne, le 10 mai 1940, la 5e division légère française de cavalerie (DLC) sur la ligne belge de Neufchâteau. Dès 9 h 30, les premiers éléments français atteignent la position prescrite. Mais que peut la 5e DLC française réduite à 22 automitrailleuses (Panhard et AMR) et 12 chars Hotchkiss H35 (dont les canons courts de 37 mm sont inefficaces dans la lutte antichar) contre la 1re Panzerdivision forte de 259 chars, dont 98 armés de puissants canons antichars ? Le combat semble perdu d'avance. Malgré une résistance acharnée des troupes françaises, écrasées sous le poids du nombre, la position est percée dès 10 h 30. L'artillerie française, placée en arrière, tente courageusement d'enrayer la progression de l'ennemi. Les Français, avec le courage du désespoir, parviennent à conserver une partie du terrain. Mais les Allemands, qui savent manœuvrer avec efficacité, ont vite fait d'encercler la poche française de résistance. Vers 15 h 30, la résistance française est définitivement brisée sous l'écrasante supériorité numérique et matérielle de la 1re Panzerdivision.

> La percée de Neufchâteau, écrit Karl-Heinz Frieser, est un exemple type de la tactique allemande des groupes francs, qui

avait déjà été développée, à vrai dire, lors de la Première Guerre mondiale.

Ce « procédé d'infiltration », repris par l'arme blindée, visait les objectifs suivants : après la percée, mener l'offensive en profondeur par le chemin offrant la moindre résistance dans l'arrière-pays ennemi, pour provoquer l'effondrement « indirect » du front en profitant de la panique ainsi créée. La 1re Panzerdivision, qui le jour précédent à Bodange avait été retenue plus de huit heures, ne mit guère plus de temps, le 11 mai, à traverser la quasi-totalité de la Belgique, jusqu'à Bouillon, tout près de la frontière française. Lors de cet « assaut éclair », la 5e division légère de cavalerie française avait été happée par un tourbillon d'événements qui s'étaient précipités et avaient été vécus comme une mêlée digne de l'Apocalypse[1].

Ainsi l'impréparation de l'armée française à la guerre moderne mécanisée apparaît-elle en pleine lumière. La doctrine française imagine la guerre comme des batailles préparées, ponctuées de combats limités où l'artillerie doit briser le mouvement. Mais la puissante artillerie française, quasiment sans protection anti-aérienne, peu mobile et figée dans une guerre défensive, est vite dépassée par la guerre éclair. Les Allemands, en quête d'une victoire immédiate, prennent des risques considérables, concentrent leurs moyens modernes dans une pointe blindée et mécanisée qu'ils lancent

1. *Karl-Heinz Frieser,* Le Mythe de la guerre éclair, op. cit.

dans les Ardennes, en terrain difficile, à la jointure entre la masse de manœuvre française et la ligne Maginot. Gamelin se trompe sur l'axe réel de l'offensive allemande, engage ses meilleures unités au nord de la Belgique, alors que l'effort principal de l'adversaire se produit plus au sud. En se projetant en Belgique, Gamelin se jette dans la gueule du loup. La vitesse d'exécution du plan allemand et l'absence de profondeur du théâtre d'opération empêchent un rétablissement de l'armée française. Le commandement français, pris de vitesse, lance des contre-attaques avec un tel retard que les troupes allemandes, plus rapides, peuvent se renforcer à temps pour les repousser et les contourner.

Alors que les officiers supérieurs allemands sont quotidiennement près de leurs hommes, évoluent en première ligne – plus exactement, car il n'y a ni ligne ni front, se portent aux points où se fera la décision –, se déplacent à bord de voitures blindées, munies de puissants postes radio et, pour les moyennes distances, à bord d'un avion de liaison, les généraux français sont mal équipés, mal informés, souvent trop loin des troupes. Non par manque de courage personnel, mais parce qu'ils agissent toujours suivant ces schémas de l'autre guerre qui veulent que le chef se trouve « à la poignée de l'éventail ». C'est ainsi que le poste de commandement (PC) du général Corap, commandant la 9e armée, est situé à Vervins, à 88 kilomètres du PC du 11e corps d'armée, à près de 100 kilomètres du PC du 2e corps d'armée, à 78 kilomètres de celui du 41e. À la « poignée de l'éventail », mais beaucoup trop loin lorsque chaque déplacement constitue un difficile voyage sous les bombardements, au milieu des encombrements provoqués par les troupes et les réfugiés. Ainsi, le chef qui dirige ne peut rencontrer les chefs qui agissent. Les liaisons se font le plus souvent par voiture ou moto, puisque l'on utilise très peu la radio et que les lignes téléphoniques sont fréquemment interrompues par les bombardements.

Ainsi, des transmissions inadéquates, un commandement éloigné de la réalité des combats ainsi que des liaisons par estafettes, lentes et inadaptées à la guerre moderne, expliquent que l'armée française fut vite dépassée par la mobilité d'un adversaire plus rapide et mieux équipé en moyens radio, avec des chefs se trouvant souvent à la pointe des combats.

L'historien Laurent Henninger, chargé d'études à l'Institut de recherche stratégique à l'École militaire, écrit avec justesse :

> La mémoire que les Français ont de l'action et du rôle de leur pays dans la Seconde Guerre mondiale n'a cessé d'évoluer au fil des décennies. À l'image du « tous héros, tous résistants ! », qui a largement prévalu sous la IVe République et jusque dans les années 1960, a succédé dans les années 1970 celle du « tous collabos ! » et aussi du « tous des lâches et des fuyards ! » pour la question particulière de la défaite de mai-juin 1940. Dans ce point de vue, le cinéma populaire a joué un rôle énorme et déformant, que l'on songe au succès des films narrant les aventures

grotesques de la *Septième Compagnie*, pour ne citer que cet exemple... Or les travaux des historiens permettent aujourd'hui d'y voir plus clair et de façon plus nuancée. (...) On en revient à l'analyse faite en son temps par Marc Bloch, et qui constitua le titre de son ouvrage posthume : celle d'une « étrange défaite ». Et étrange, elle le fut bien, cette défaite, et même l'une des plus étranges de toute l'histoire militaire !

Première idée reçue : les soldats ont fui ou se sont rendus sans tirer un coup de feu. Or, on sait maintenant que les soldats français ont combattu partout. Il n'y eut de panique à peu près avérée qu'à Bulson, derrière la charnière de Sedan. Ils se sont même battus avec courage et détermination – si ce n'est toujours avec habileté – en Belgique, devant Dunkerque, sans parler de l'armée des Alpes ou des garnisons de la ligne Maginot. Et la résistance la mieux organisée est intervenue sur la ligne Somme-Ailette-Aisne, avec de furieux combats à Rethel et Voncq. Les pertes humaines allemandes en témoignent : environ 50 000 morts. Ce ne fut en rien une promenade de santé pour la Wehrmacht.

Seconde idée reçue : l'armée française était totalement archaïque, en retard d'une guerre, sous-équipée et dotée de matériels hors d'âge. La caricature est outrancière [...]. Mais les chars étaient insuffisamment endivisionnés, les armes antichars et l'artillerie antiaérienne manquaient cruellement, les communications étaient systématiquement cryptées là où le rythme des combats modernes ne le nécessitait pas, les avions de chasse modernes étaient en nombre insuffisant et l'aviation de bombardement quasi inexistante. Surtout, les faiblesses n'étaient pas tant tactiques ou techniques qu'opérationnelles et intellectuelles, puisque tout – des méthodes de raisonnement et de commandement des états-majors à la logistique et aux transmissions – était inadapté au rythme de ce moment très particulier du conflit.

Armée française surpuissante et sans aucun défaut ? Certainement pas. Armée ridicule et lâche ? Encore moins ! Le chantier historique en cours consiste précisément à faire la lumière sur tout cela et à soigneusement démêler cette complexité, contre toutes les sentences trop tranchées. Si d'éventuelles leçons de l'histoire doivent être tirées, elles ne le seront qu'à ce prix[1].

Fait également navrant, il n'existe aucune unité de commandement entre les troupes franco-britanniques et leurs alliés belges et hollandais. De plus, dès les premiers revers, le commandement britannique, d'abord fasciné par les chefs militaires français et leurs troupes, perd totalement confiance

---

1. *Laurent Henninger, Thierry Widemann,* Comprendre la guerre. Histoire et notions, *Perrin, 2012.*

en son allié et pense très vite à rembarquer, passant ainsi d'un extrême à l'autre, allant de l'apologie béate au dénigrement systématique. L'armée française, auréolée de sa victoire de 1918, perd toute crédibilité aux yeux des généraux et des politiques britanniques. Seul Hitler et certains de ses officiers, redoutant une nouvelle bataille de la Marne, continuent à la craindre durant plusieurs semaines.

*

* *

Persuadé que l'armée allemande va attaquer par le nord de la Belgique, le général Gamelin a son plan pour contrer l'assaillant. Il prévoit d'engager sur la ligne Breda-Dyle la 7e armée française du général Giraud, le corps expéditionnaire britannique du général Gort, la 1re armée française du général Billotte, tandis que la 9e armée française du général Corap et la 2e armée française du général Huntziger doivent sécuriser le flanc droit, plus au sud, sur la Meuse. Sur la ligne Breda-Dyle se trouve le meilleur des troupes franco-britanniques, tandis que sur la Meuse se positionnent des divisions sous-équipées en armes antichars et antiaériennes, souvent mal encadrées, devant en plus tenir un secteur disproportionné à leurs moyens. Le plan allemand prévoit de faire tomber Gamelin dans le piège belge Breda-Dyle, pour engager le gros de la Wehrmacht sur la Meuse, le front allié le plus mal défendu. Si sur la ligne Breda-Dyle le rapport des forces est équilibré, sur la Meuse on compte cinq fois plus de divisions allemandes. Gamelin se trompe ainsi lourdement sur l'axe réel de l'offensive allemande, condamne le meilleur de son armée à un encerclement programmé dans les Flandres, après la percée des Panzerdivision sur la Meuse et leur progression sur les côtes de la Manche. Fait plus grave, en engageant sa 7e armée sur la ligne Breda, Gamelin se prive d'une excellente force de réserve pour contre-attaquer l'offensive ennemie sur la Meuse. De plus, il disperse ses 3 divisions cuirassées dans des opérations de colmatage mal conduites et inutiles, alors que ces 3 unités réunies en 1 corps blindé auraient pu mettre en danger les flancs des Panzerdivision dangereusement exposées. Avec une supériorité aérienne de trois contre un, la Luftwaffe assure un soutien efficace et déterminant des troupes au sol, alors que l'armée de terre française est quasiment dépourvue de toute couverture aérienne.

Le plan désastreux du général Gamelin apparaît ainsi dans toute sa « splendeur ». Il est pourtant prévenu par ses services de renseignement que l'offensive principale de l'ennemi se fera sur la Meuse. Mais persuadé qu'il s'agit d'une ruse du commandement allemand, il concentre tous ses efforts sur la ligne Breda-Dyle, négligeant son flanc droit, devant pourtant servir de pivot à sa manœuvre principale. Pour lui, la forêt des Ardennes et le fleuve de la Meuse présentent un formidable obstacle antichar. L'audace du plan allemand est justement de forcer ce prétendu « obstacle antichar » en y engageant 7 de ses 10 Panzerdivision, à un endroit inattendu et donc mal défendu.

Le 8 mai 1940, Jacques Davignon, ambassadeur de Belgique à Berlin, signale que les Allemands sont en train de rédiger un ultimatum destiné à son gouvernement. En même temps, l'attaché militaire de l'ambassade de Belgique à Berlin câble à ses supérieurs que le commandement suprême allemand a diffusé l'ordre d'attaque.

Le matin du 9 mai, veille de l'offensive allemande à l'Ouest, le général Keitel transmet les instructions du Führer, commandant suprême des forces allemandes, pour l'offensive à l'Ouest, prévue pour la matinée du lendemain. Cet ordre d'attaque est diffusé aux hauts échelons de l'armée allemande. L'alerte générale est déclenchée à 23 h 15 en Belgique. La France et la Grande-Bretagne en sont informées.

> 9 mai 1940, écrit Jean-Pierre Richardot : depuis plusieurs jours, la résistance allemande antinazie, et plus précisément le colonel Haus Oster, collaborateur et ami de l'amiral Canaris, patron de l'Abwehr (service de contre-espionnage allemand), a fait savoir aux autorités de La Haye et de Bruxelles que l'Europe de l'Ouest allait être envahie d'une heure à l'autre. Pays-Bas et Belgique sont en état d'alerte. Le réseau suisse antinazi d'Hans Hausamann, photographe de Saint-Gall remarquablement informé, a confirmé la nouvelle par l'intermédiaire de l'attaché militaire français à Berne. Hausamann est en relation avec des résistants allemands implantés au sein de l'état-major d'Hitler. Son réseau a Lucerne pour centre. Hausamann a déjà

fourni dans un passé récent des informations de premier ordre. Dès le printemps 1939, il a fait savoir au gouvernement suisse et aux Alliés que l'Allemagne attaquerait la Pologne à la fin de l'été. Cette fois, il communique les plans du grand quartier général d'Hitler : attaque de l'Europe de l'Ouest entre le 8 et le 10 mai, avec pour axe principal d'effort Sedan. Toujours selon Hausamann, la Belgique, la Hollande et le Nord de la France seront occupés en dix jours et l'ensemble du territoire français sera submergé en un mois. Toutes les informations annonçant l'invasion se recoupent. Le Vatican est intervenu auprès de la Belgique pour lui faire part de la menace pesant sur elle. En dépit de ces alarmes réitérées, les dirigeants militaires et civils français sont parfaitement détendus[1].

Ce sont les fêtes de la Pentecôte. Certaines des divisions françaises, chargées de défendre la Meuse et les Ardennes (là où justement les Allemands vont attaquer massivement), n'ont que 80 % de leurs effectifs en ligne, 20 % se trouvant en permission ! Les généraux Billotte et Prételat, respectivement commandant des groupes d'armées n° 1 et 2, c'est-à-dire du front s'étendant de Dunkerque

1. *Jean-Pierre Richardot,* 100 000 morts oubliés. La bataille de France, 10 mai–25 juin 1940, *Le Cherche midi, 2009.*

à l'Alsace, sont en permission en même temps, sans parler des généraux Bourret et Besson, dotés eux aussi de responsabilités de haut niveau. Le général Besson commande en effet le 3e groupe d'armées, stationné en Alsace du Sud. Ainsi, les généraux Billotte, Prételat et Besson, commandant à eux trois 78 des 94 divisions françaises présentes sur le front occidental, sont en permission !

Même insouciance chez le général Huntziger, commandant de la 2e armée française, défendant le front vital de Sedan, dont le secteur s'étend de Montmédy à la vallée de la Bar. En effet, le 9 mai en début d'après-midi, le capitaine Michel de Lombarès, portant le titre de chef de section au 3e bureau de la 2e armée, rencontre, dans le bois de la frontière, un ingénieur belge des Ponts et Chaussées qui, dès le 8 mai au soir, lui a demandé un rendez-vous urgent... Depuis des mois, ce dernier, très au fait des événements dans la région frontalière, fournit en secret des renseignements précieux à l'officier : « Savez-vous ce qui se passe ? Grâce aux informations fournies par certains de mes collègues, comme par d'autres sources au Luxembourg..., je crois pouvoir vous dire que l'attaque allemande est pour demain[1]. »

Le capitaine de Lombarès rentre rapidement à Senuc, poste de commandement de la 2e armée française, pour rendre compte de cette conversation au lieutenant-colonel Paquin, chef du 3e bureau. Il trouve ce dernier en train de s'habiller pour accompagner le général Huntziger à une séance

1. *Archives militaires françaises, Vincennes.*

théâtrale à Vouziers. Le chef du 3e bureau répond : « Bon, mettez-moi tout cela par écrit[1]... » Comme si de rien n'était, Huntziger et une grosse partie de l'état-major partent peu après assister au spectacle...

> Si, au début de mai 1940, écrit Claude Paillat, des généraux commandant des unités dans la région de Sedan conseillent au maire de la ville, M. Paul Troller, de « ne pas s'endormir dans une sécurité trompeuse, ne pas hésiter à faire partir la population, effarés qu'ils sont à l'idée de ce qui va leur tomber sur les reins dans les prochains jours[2] », ce n'est pas le sentiment d'Huntziger. Au cours d'un concert donné à Sedan par son ami, le célèbre pianiste Alfred Cortot, le chef de la 2e armée avait assuré le 7 mai au maire : « Je ne crois pas que les Allemands songeront à attaquer dans la région[3]. »

La percée allemande sur la Meuse reste un sujet délicat et controversé. On a trop facilement, et injustement, imputé aux troupes françaises de ce secteur leur manque de combativité. C'est oublier la faiblesse extrême des unités engagées qui doivent faire face aux plus puissantes troupes du Reich. De Dinant à Sedan, une dizaine de médiocres

---

1. Ibid.

2. *Claude Paillat,* Le Désastre de 1940. La guerre éclair, 10 mai-24 juin 1940, *Robert Laffont, 1985.*

3. Ibid.

divisions françaises d'infanterie, rattachées aux 9e et 2e armées, sont opposées à une cinquantaine de divisions allemandes, dont 7 Panzerdivision (1 775 chars) du groupe d'armées A. À Sedan, la 55e division d'infanterie de série B, forte de 12 canons antichars de 25 mm au lieu des 48 prévus, va recevoir le choc de 3 Panzerdivision, totalisant 799 chars et plusieurs unités d'infanterie !

Chaque division française du front de la Meuse doit défendre 15 à 30 kilomètres à vol d'oiseau, et bien davantage si l'on tient compte des méandres du fleuve, alors que le secteur théorique pour ce type d'unité est de 5 à 6 kilomètres. Les fortifications se limitent à quelques casemates de béton, armées d'un canon léger ou d'une mitrailleuse. Certains ouvrages bétonnés sont dépourvus de portes blindées et d'appuis pour armes automatiques. L'artillerie de campagne est quasiment dépourvue de canons antiaériens.

Le général Corap, responsable d'une partie du front de la Meuse avec sa 9e armée, a tiré de nombreuses fois la sonnette d'alarme vis-à-vis du haut-commandement durant l'hiver 1939-1940. Il a profité de chaque visite d'une autorité, de chaque rapport à ses chefs, pour attirer l'attention sur la situation précaire de ses troupes, chargées de défendre un front large et difficile avec des moyens défaillants dans tous les domaines. Engoncés stratégiquement et tactiquement par la manœuvre Breda-Dyle en Belgique, les généraux Gamelin et Georges n'ont pas écouté les avertissements de Corap, qui ne faisait preuve, en la circonstance, que du plus élémentaire bon sens.

Entre Charleville et Givet, soit 40 kilomètres à vol d'oiseau, la Meuse se heurte au vieux massif boisé des Ardennes et se taille un chemin sinueux, long de 75 kilomètres. Vallée superbe, grandiose, où le fleuve, large de 60 à 70 mètres, est dominé par des aplombs de 200 mètres escarpés, parfois vertigineux, véritables murailles. Cette sommaire description explique pourquoi le général Gamelin n'a jamais considéré comme prioritaire la mise en défense de ce secteur. Il est convaincu que le massif des Ardennes, déjà difficilement pénétrable, est barré à son extrémité ouest par un remarquable obstacle antichar : la Meuse et sa vallée encaissée. Si l'obstacle naturel est complété par la destruction en temps voulu de tous les ponts, la défense du secteur en sera facilitée. En conséquence, la densité des troupes installées sur la rive gauche de la Meuse est faible.

Cette faiblesse défensive des troupes françaises est accentuée par le manque de mines antichars. À titre de comparaison, Rommel en fait enterrer 500 000 à El-Alamein, en 1942, sur un front de 70 kilomètres. Au printemps 1940, l'armée française doit défendre une longueur de front équivalente sur la Meuse, avec 2 000 mines seulement. La 55e division d'infanterie, chargée du secteur de Sedan, a reçu 422 mines, stockées dans un dépôt à l'arrière du front. Les officiers français se sont tellement concentrés sur la construction des casemates qu'ils n'ont porté aucune attention aux mines.

Lorsque le 12 mai 1940, l'infortuné général Lafontaine, commandant de la 55e division d'infanterie, s'inquiète de l'importante concentration des troupes allemandes, il se voit répondre par son chef de corps, le général Gransard : « Il faudra aux Allemands des semaines pour monter une attaque. Nous en sommes toujours à la prise de contact avant l'engagement. Vous êtes tranquille pour au moins huit jours. Ils ne peuvent attaquer avec des chars, car les chars ne nagent pas. Tous les ponts de la Meuse ont sauté[1]. »

Rappelons que le 9 mai 1940 au soir, alors que les indices d'une offensive allemande se multiplient, le général Huntziger, commandant de la 2e armée française, assiste à Vouziers à une représentation du Théâtre aux armées…

Le 10 mai 1940, jour de l'offensive allemande, le visage du général Gamelin ne décèle aucun trouble apparent. « Le commandant en chef, écrit Jacques Minart, a gardé ce calme souple et cette affabilité un peu doucereuse qui ont tant contribué à donner à sa personne ce charme de séduction, auxquels ceux qui n'avaient avec lui que des contacts superficiels ou mondains n'ont pas su résister[2]. » Selon d'autres témoignages, comme celui du capitaine André Beaufre qui arrive à 6 h 30 au PC de Vincennes, « Gamelin arpentait le couloir de la casemate en chantonnant à mi-voix avec un air martial et satisfait que je ne lui avais jamais vu[3] ».

Gamelin semble se remémorer ses propos de l'automne 1939 au général Requin : « Si Hitler

1. *Archives militaires françaises, Vincennes.*

2. Ibid.

3. Ibid.

attend le printemps, il sera à coup sûr battu en Belgique[1]. » Il oublie ce qu'il affirmait à Daladier le 1er septembre 1939, à savoir son « hostilité à livrer bataille en Belgique ». Il fait tout le contraire en déclenchant la manœuvre Dyle. Depuis qu'il a choisi de pousser son principal corps de bataille en Belgique, Gamelin a plaidé sa « certitude de l'emporter sur la Wehrmacht » auprès de visiteurs de marque comme Jules Romains. C'est la même foi dont témoigne le 10 mai M. Jacomet, le contrôleur général de l'armée : « Si vous aviez vu comme moi, ce matin, le large sourire du général Gamelin quand il apprit la direction de l'attaque ennemie, vous n'auriez aucune inquiétude. Les Allemands lui donnent l'occasion qu'il attendait[2]. » Confirmant ce témoignage, le journaliste Édouard Helsey écrit : « Depuis huit mois, Gamelin, je le dis, je le sais, je peux en témoigner, Gamelin attend, prévoit, je n'oserais pas dire espère l'attaque allemande en Belgique[3]. »

1. Ibid.
2. Ibid.
3. Ibid.

6

Les défaillances belges, hollandaises, britanniques, et le sacrifice méconnu de l'armée française

Il est facile et injuste d'imputer uniquement à la France les causes de la défaite de 1940. La responsabilité de la Belgique est également évidente, comme le souligne fort justement l'historien belge Jean-Claude Delhez, dans un ouvrage remarquable, démontrant que la neutralité aveugle de ce pays a servi les intérêts allemands. La Belgique fait appel à l'armée française trop tardivement, permettant aux divisions allemandes d'enfoncer facilement le front de la Meuse, mal défendu et peu fortifié. Il aurait été pourtant facile de bloquer les interminables colonnes motorisées allemandes dans la forêt ardennaise avec des troupes habilement positionnées depuis longtemps. Jean-Claude Delhez démontre « que la victoire allemande n'était pas possible sans le double choix des Belges. Choix de quitter l'alliance française en 1936 pour se proclamer neutre. Choix de ne pas défendre le massif ardennais, ouvrant un boulevard à la chevauchée des panzers en direction de Sedan, qui offre à Hitler la plus éclatante victoire de sa carrière[1]. »

Outre les Ardennes et le front de la Meuse, le commandement belge n'informe même pas son allié français que la ligne de défense Wavre-Namur n'est pas fortifiée par des obstacles antichars : position principale de résistance où les troupes françaises doivent pourtant s'établir pour stopper l'offensive allemande. C'est ce que découvre avec stupéfaction le capitaine français Métivier, envoyé en reconnaissance.

Le 10 mai 1940, à 7 h 45, le capitaine Métivier, rattaché à l'état-major du corps mécanisé du général Prioux, quitte son poste de commandement (PC) de Saint-Quentin avec la mission d'établir la liaison avec l'armée belge à Liège, afin de préparer l'arrivée des 2e et 3e divisions légères mécanisées (DLM) françaises, et de se renseigner sur l'état des travaux de défense de la position de résistance Wavre-Namur. Depuis les premières heures de la matinée, les forces armées allemandes viennent de passer à l'offensive sur le front occidental, de la Hollande aux Ardennes.

Métivier arrive à Gembloux, en Belgique, à 12 h 45. Ce qu'il constate le stupéfie : « À la lisière est de la ville, écrit-il, à l'emplacement prévu pour la position de résistance, il n'y a aucune tranchée, pas le moindre trou, aucun ouvrage défensif, aucun piquetage, aucune défense accessoire fixe, aucun obstacle antichar. Il n'y a absolument rien sur ce

1. *Jean-Claude Delhez,* La Déroute française de 1940 : la faute aux Belges ?, *éditions Economica, 2015.*

pivot de résistance, malgré les promesses et les assurances de l'armée belge[1]. »

Interrogeant ensuite le maire de Gembloux sur les raisons de l'absence de travaux militaires que l'armée belge devait assurer, le notable belge s'inquiète : « Mais on va donc se battre à Gembloux ? » Métivier croit rêver lorsque son interlocuteur lui affirme :

> Aucun terrassement n'a été fait sur le territoire de Gembloux. Certes, courant décembre et janvier, des charpentes métalliques ont été posées à la lisière est de Gembloux, quelques éléments seulement, obstacle non continu. Mais quelques semaines plus tard, ces appareils ont été repris et chargés sur camions et wagons, pour une destination inconnue. Je crois cependant savoir qu'ils ont été transportés plus au nord, dans la région de Perwez[2].

Or, en passant au PC de la 1re armée française, à Bohain-en-Vermandois, avant de se rendre en Belgique, le capitaine Métivier s'était entendu affirmer, notamment par le capitaine Bing, une réalité tout à fait différente : « Les travaux défensifs ont été poussés sur la ligne Wavre-Gembloux-Namur. Il y a des obstacles antichars Cointet continus de Rhisnes (camp retranché de Namur) à Ernage, au nord-ouest de Gembloux, puis discontinus d'Ernage à la Dyle

1. *Archives militaires françaises, Vincennes.*
2. Ibid.

(Wavre). Sur notre position de résistance, située à environ 20-25 kilomètres plus à l'est, un obstacle antichar continu défend le secteur[1]. »

Début février 1940, le général belge Van Overstraeten, conseiller militaire du roi Léopold III, a fait transporter, sans en informer les Alliés, 6 000 obstacles antichars plus à l'est de la ligne de résistance principale, initialement prévue pour l'armée française. En agissant ainsi, Van Overstraeten entendait contraindre l'armée française à s'enfoncer plus profondément à l'est en Belgique, mais n'a rien dit à ses Alliés de ce déménagement défensif, pour mieux les placer devant le fait accompli.

En apprenant tout cela, le capitaine Métivier ne peut dissimuler sa colère. À son arrivée à Liège à 16 heures, toujours ce funeste 10 mai, le général de Krahe, commandant du 3e corps d'armée belge, lui déclare :

> Le commandement belge ne peut cacher son amertume devant le plan français qui sacrifie la moitié de la Belgique. Tout va bien cependant. L'ennemi est contenu partout. Les destructions à l'est de la Meuse et dans les Ardennes ont parfaitement fonctionné[2].

---

1. Ibid.

2. Ibid.

Devant cet ensemble de fanfaronnades optimistes, le capitaine Métivier, passablement énervé, ne peut s'empêcher de lâcher :

> Qu'en est-il de l'assaut par voie aérienne des parachutistes allemands sur Eben-Emael, à seulement une vingtaine de kilomètres au nord de Liège ? Où en est leur élimination[1] ?

On assiste alors à un dialogue surréaliste :

> — On s'y emploie actuellement et vraisemblablement, maintenant, c'est chose faite, répond avec hauteur le général de Krahe.
>
> — Peut-on en avoir la confirmation auprès du 1er corps d'armée belge, voisin de votre 3e corps d'armée, et dont le PC se trouve à Tongres ? demande le capitaine Métivier.
>
> — J'en ai bien assez de veiller à savoir ce qui se passe chez moi et de commander mon corps d'armée. Si quelque chose se passe chez mon voisin, il sait ce qu'il a à faire, ça le regarde… Cela vous étonne ? Ne vous inquiétez pas, je connais les gens de la 7e division d'infanterie belge. Ils auront vite fait de venir à bout de quelques parachutistes allemands. Il ne faut pas donner

1. Ibid.

à ces gens-là plus d'importance qu'ils n'en ont, ajoute le général de Krahe[1].

Ce dialogue tragi-comique arrive à sa fin alors que le fort d'Eben-Emael est sur le point de tomber et que des Allemands se sont emparés de plusieurs ponts intacts sur le canal Albert. Quant à la 7e division d'infanterie belge, elle encaisse des coups si puissants que, le 11 mai, elle aura cessé d'exister en tant qu'unité combattante. Par nuée de 200 avions, la Luftwaffe bombarde les unités belges de la vallée de la Meuse. Pas un avion de chasse belge n'apparaît, les avions allemands évoluent comme à l'exercice, en formations impeccables.

Le capitaine Métivier tente d'alerter au plus vite le général Prioux, commandant du corps mécanisé, sur la situation. Mais les liaisons téléphoniques entre l'armée belge et l'armée française sont momentanément rompues du fait de l'action dévastatrice de l'aviation allemande. Métivier rédige alors un rapport, qu'un motocycliste doit acheminer au plus vite. Si bien que ce n'est seulement qu'à 19 heures que le commandement français est informé de l'absence d'obstacles antichars sur la future position de résistance de la 1re armée française, prévue sur la ligne Wavre-Ernage-Gembloux-Namur, concrétisation de la manœuvre Dyle. Ces obstacles antichars ont été reportés plus à l'est sur la position de Perwez, sans protection des flancs et sans ligne continue, permettant ainsi aux Panzerdivision de les contourner…

1. Ibid.

L'inquiétude s'empare des principaux généraux français, dont Billotte et Gamelin. Perdant un temps précieux, le général Georges, commandant en chef des forces terrestres françaises, demande à 19 h 25 de faire vérifier le renseignement relatif à l'absence d'obstacles antichars sur la ligne principale de résistance en Belgique. Cinq minutes après, Georges téléphone à Gamelin pour l'informer que l'attaché militaire à Bruxelles doit recouper le renseignement relatif à l'emplacement des obstacles antichars. Que de temps perdu…

Alors que, pendant des heures, des messages du haut-commandement français tentent d'obtenir auprès des Belges la confirmation des renseignements, pourtant sans ambiguïté, fournis par le capitaine Métivier, une autre inquiétude surgit à 20 h 20, toujours le 10 mai : le colonel Humbert, sous-chef d'état-major des troupes franco-britanniques engagées en Belgique, prie le général Georges d'intervenir immédiatement auprès du roi Léopold III, à la suite du repli plus rapide que prévu des chasseurs ardennais (soldats d'élite de l'armée belge), chargés d'exécuter les destructions prévues dans les Ardennes belges, afin de retarder l'avance allemande sur la Meuse, à Huy, entre Liège et Namur. Ainsi, le lendemain, le 11 mai, il n'y aurait plus aucune troupe belge sur la rive droite du fleuve. Un large espace sans aucun soldat se produit dans le dispositif allié entre la gauche de la 9e armée française et la Meuse. Le général Gamelin n'est mis au courant qu'à 20 h 45.

Si, dès le 10 mai, le commandement français découvre les incroyables défaillances des défenses belges, il n'est pas encore suffisamment mûr pour se rendre compte qu'il faudrait remettre en question l'exécution de la manœuvre Dyle.

Le 11 mai, à 7 heures, on assiste de nouveau à un dialogue surréaliste entre le capitaine français Métivier et le général belge de Krahe, tous deux toujours présents à Liège. La situation s'est encore dégradée : les bombardements aériens allemands ont coupé les câbles souterrains reliant le 3e corps d'armée belge à son haut-commandement. Jugeant compromise la manœuvre Dyle, du fait de l'effondrement précipité d'une partie de l'armée belge, Métivier supplie le général de Krahe de lancer une contre-attaque susceptible de gagner du temps :

> — Avec quels moyens ? rétorque le général de Krahe.
>
> — Je ne peux vous cacher mon étonnement devant l'absence de réserves dans un point aussi névralgique que celui de Maastricht.
>
> — Dans l'armée belge, il n'y a aucune unité de réserve, toutes nos divisions sont en ligne[1].

Pendant ce temps, au début de la matinée du 11 mai, se poursuit l'incroyable débat sur l'existence des défenses belges antichars. À 7 heures, le général Roton, chef d'état-major du général Georges, demande au général Billotte de vérifier s'il n'y a pas eu un malentendu au sujet de l'inexistence des

1. Ibid.

obstacles antichars. À 7 h 20, le général Laurent, attaché militaire français à Bruxelles, sème la confusion et frise le ridicule : « L'obstacle antichar existe, mais il est constitué en grande partie par la voie ferrée. » Comme si une simple voie ferrée pouvait arrêter les chars…

> Je ne possède, avoue Billotte à Georges en cette fin de matinée du 11 mai, que des renseignements confus sur la situation à l'ouest de Maastricht, lesquels n'impliquent pas cependant qu'il y ait lieu de renoncer à porter le gros de nos forces sur la Dyle, mais il faut y aller le plus vite possible[1].

Attitude pour le moins incroyable, le général Billotte, commandant le gros des troupes franco-britanniques en Belgique, avance tête baissée dans le piège, sans se soucier des informations faisant état de la situation déplorable des défenses antichars de l'armée belge.

Tout aussi incroyable est la prise par les parachutistes allemands du puissant fort belge d'Eben-Emael, dévoilant les incroyables négligences de l'armée belge, peu combative. Ce fort représente pourtant un réel obstacle à l'offensive allemande. Or, la garnison belge, pourtant forte de 1 200 soldats, n'oppose qu'une résistance dérisoire à 55 parachutistes allemands ! Attaqué le 10 mai, le fort capitule le lendemain même ! Les soldats belges sont rapidement démoralisés par la vaillance et

1. Ibid.

l'audace des parachutistes allemands, utilisant de puissants explosifs.

Si, du 10 au 12 mai 1940, l'armée belge est rapidement enfoncée sur le canal Albert, elle parvient cependant à se replier sur la ligne Anvers-Wavre, puis sur l'Escaut et enfin sur la Lys. Derrière cette rivière et son prolongement par le canal de Gand à la mer, l'armée belge oppose une résistance solide, du 23 au 27 mai 1940, en ne cédant que peu de terrain.

Sur la Lys, en amont de Courtrai et en aval jusqu'à l'est de Wielsbeke, les 1re, 3e et 8e divisions belges d'infanterie et la 2e division de chasseurs ardennais font face à 8 divisions allemandes d'infanterie, massivement soutenues par la Luftwaffe. Les 23 et 24 mai, les divisions belges repoussent les assauts ennemis. Une attaque allemande lancée contre la 8e division belge échoue le 25 mai. Le 26, une contre-attaque de cette même division est repoussée par les Allemands. Les 1re, 3e et 8e DI belges sont relevées par les 6e, 9e et 10e DI belges et la 2e division belge de cavalerie.

De Wielsbeke à Deinze et Nevele, les 1re et 2e divisions de chasseurs ardennais contre-attaquent les 25 et 27 mai, à la suite de l'effondrement de la 4e DI belge. Les troupes allemandes sont alors contenues. Le 377e régiment allemand d'infanterie compte à lui seul 1 650 soldats tués ou blessés à Vinkt.

De Nevele à Eeklo, les 2e, 11e, 12e, 6e et 17e DI belges contiennent facilement les attaques ennemies. La pression allemande s'est amoindrie. Ce qui permet à la 6e DI belge de faire mouvement vers le sud du front en direction de Courtrai, afin d'y soutenir la résistance efficace des 9e, 10e et 15e DI belges, renforcées par des unités de cavalerie. Le 24 mai, les Allemands parviennent à franchir le canal de dérivation et établissent une tête de pont à Ronsele, sur la rive ouest de cette coupure. Une contre-attaque de la 12e DI belge repousse les assaillants sur la rive est. Mais les 26 et 27 mai, la 12e DI belge est quasiment anéantie. La situation est cependant rétablie de justesse grâce aux contre-attaques lancées par le 4e régiment de carabiniers et le 1er régiment de chasseurs à cheval, qui capturent 100 soldats allemands sur le canal de dérivation à Knesselare.

Le 27 mai au matin, le commandement belge estime qu'il existe toujours un front continu face aux Allemands ; mais il constate en fin d'après-midi que ce même front est enfoncé au centre, en direction de Deinze-Tiedt : soit une brèche de 7 kilomètres qui semble impossible à colmater, faute de réserves suffisantes. C'est ce qui amène le roi des Belges Léopold III à envoyer un plénipotentiaire au général allemand von Reichenau, afin de négocier la fin des hostilités.

Hitler exige une capitulation sans condition de la totalité de l'armée belge. Certains officiers belges estiment déshonorantes les exigences allemandes, jugeant qu'une partie de l'armée belge est en mesure de poursuivre la lutte autour du périmètre de Dunkerque, aux côtés des troupes françaises et britanniques. Selon le général belge Van Overstraeten, il aurait fallu chercher à coopérer davantage avec les Alliés et à se retrancher, non derrière la Lys, mais derrière l'Yser, cette rivière représentant une meilleure « coupure » que la Lys, aux nombreux méandres et à la largeur insuffisante.

Du 23 au 27 mai 1940, la bataille de la Lys fait 3 000 morts dans les rangs de l'armée belge et environ 1 500 du côté allemand. Le 28, à 2 heures du matin, le roi des Belges fait savoir par un message radio qu'il accepte la capitulation, signée deux heures plus tard. Les politiques et militaires franco-britanniques s'indignent de la décision de Léopold III. En se considérant prisonnier avec ses soldats, le roi des Belges s'attire également les foudres de son propre gouvernement, dirigé par le catholique Hubert Pierlot, qui estime que le souverain aurait dû poursuivre la lutte hors du territoire national avec les Alliés.

Il semble que la défection de plusieurs unités flamandes soit à l'origine de la décision finale du roi, souhaitant maintenir la cohésion au sein de son armée battue et redoutant que cette défaite ne se termine en déroute. En effet, plusieurs régiments flamands se battent sans conviction. Dès le 13 mai, la 14e DI flamande s'avère inapte au combat. Le 23 mai, une grande partie de la 16e DI flamande se livre à l'ennemi à Gand. Le 24 mai, la 13e DI flamande ne parvient pas à contenir une faible attaque allemande, que la 11e DI wallonne repousse peu après. Le 25, le 5e RI de la 4e DI flamande se rend volontairement aux Allemands, causant ainsi la déroute de toute la division. C'est la 1re division de chasseurs ardennais qui colmate la brèche ainsi créée. Diverses unités des 9e et 12e DI flamandes se débandent les jours suivants. Sur les 9 DI flamandes, 6 connaissent de graves défaillances. Les désertions massives d'unités flamandes ont certainement pesé dans la décision du roi de rester auprès de ses soldats : il désire éviter que les Allemands, soutenus par les mouvements séparatistes flamands, mènent une politique de division de la Belgique.

En dix-huit jours de combat, l'armée belge, forte de 650 000 soldats, déplore 7 500 tués, 15 850 blessés et 225 000 prisonniers. Hervé Hasquin démontre que 51,3 % des soldats morts lors des opérations sont domiciliés en Wallonie, 39,9 % en Flandre et 8,8 % à Bruxelles, alors que la population wallonne de l'époque ne représente qu'un peu plus d'un tiers de la population globale[1]. Il est significatif de constater que 38 000 Flamands et Wallons luttent dans des unités combattantes aux côtés des Allemands durant l'Occupation.

*
* *

La Hollande subit également de plein fouet l'offensive allemande du 10 mai 1940. Sa part de responsabilité dans la défaite des Alliés est réduite du fait de son isolement territorial. Cependant, elle ne fait rien pour s'entendre avec la France et la Grande-Bretagne, de peur de provoquer l'Allemagne. Cette politique neutraliste s'avère funeste pour elle. Avec de faibles moyens militaires, elle tente de résister le mieux qu'elle peut à l'invasion allemande, à la fois terrestre et aérienne. L'invasion de la Hollande

1. *Hervé Hasquin,* Historiographie et politique en Belgique, *éditions IJD-ULB, 1996.*

incite le général Gamelin à envoyer l'excellente 7e armée du général Giraud pour secourir ce pays sur la ligne Breda, dont l'ensemble se compose de la 1re division légère mécanisée (DLM), de 2 divisions motorisées et de 4 divisions d'infanterie, formant à l'origine sa réserve stratégique. Choix désastreux par la suite, qui le prive d'une force suffisante pour contre-attaquer la percée de la Wehrmacht sur la Meuse.

La 22e division allemande aérotransportée du général Sponeck est engagée en Hollande aux premières heures du 10 mai 1940. Des éléments d'assaut établissent un point d'appui sur le Nieuwe Waterweg, près de Rotterdam. Ils sont suivis par les chasseurs parachutistes de la 7e division aéroportée du général Student, qui sautent sur un terrain vague du sud de la ville.

En même temps que se déroule la première opération en plein cœur de Rotterdam, un bataillon de parachutistes allemands saute sur l'aérodrome de Waalhaven, en bordure du port, et s'en rend maître. Un bombardement efficace de la Luftwaffe a grandement facilité l'opération. Un bataillon d'infanterie aérotransportée se pose à Waalhaven immédiatement derrière les parachutistes. Un second volet de l'offensive aéroterrestre allemande se déroule au sud-est de Rotterdam, où une compagnie de parachutistes saute près des ponts de Dordrecht pour s'en emparer. Le commandant de l'unité ayant été tué, un jeune lieutenant le remplace. Un autre bataillon de parachutistes saute au sud et au nord des ponts de Moerdijk, puis occupe plus au sud le village de Zevenbergschen-Hoek.

« Plus au nord des Pays-Bas, écrit Claude Paillat, les “opérations spéciales” dévolues également le 10 mai à l'aube à la 22e division aérotransportée ne se déroulent pas du tout comme prévu. On frise même la catastrophe[1]. »

Lorsque la 6e compagnie du 2e régiment de chasseurs parachutistes saute sur le terrain de Valkenburg, elle se heurte à un bataillon hollandais placé sur le terrain. Les renforts allemands ne peuvent dégager la situation et doivent se barricader dans le village le plus proche, où ils tiendront cinq jours en attendant l'arrivée des unités blindées allemandes. À Ockenburg, les parachutistes allemands se heurtent également à la farouche résistance des troupes hollandaises. Mais c'est à Ypenburg que l'échec allemand est encore plus grave. Le bombardement du terrain défendu par le 3e bataillon de grenadiers hollandais se révèle peu efficace. La plupart des parachutistes allemands sont largués au sud de l'aérodrome, vers Delft, où ils sont durement accrochés par les troupes de la garnison hollandaise. À 7 heures, le 10 mai, 11 des 13 avions Junkers JU52 qui amènent un bataillon allemand sont en flammes avant de se poser. L'unité est presque totalement anéantie, et seule une poignée de survivants défend la piste, balayée par un puissant tir d'artillerie. Des parachutistes parviennent à prendre une partie des lotissements, mais une contre-attaque hollandaise menée par 2 bataillons les en chasse. Ayant de nombreux blessés et ayant épuisé leurs munitions, les Allemands cessent le combat dans

1. *Claude Paillat,* Le Désastre de 1940, op. cit.

la soirée du 10 mai. C'est une incontestable victoire hollandaise. On compte en effet plus d'un millier de soldats allemands hors de combat (tués ou blessés). Sur 450 avions allemands de transport engagés, 183 sont détruits ou endommagés. Aux dires du commandement allemand : « Les soldats hollandais se sont révélés coriaces, se défendant, contre-attaquant, disposant d'une artillerie nombreuse, active, précise. Mais leur commandement, dans l'ignorance de la situation exacte des Allemands, a tâtonné et n'a jamais réussi à monter une manœuvre. Si le soldat néerlandais a montré de l'opiniâtreté, ses chefs ont manqué de hardiesse[1]. »

Il n'en demeure pas moins vrai que la 22e division aérotransportée et la 7e division aéroportée ont en grande partie accompli leurs missions respectives, en occupant de nombreuses positions militaires hollandaises, contraignant les défenseurs à engager de nombreux effectifs pour essayer de les en déloger. Les troupes hollandaises font cruellement défaut pour contenir les assauts des troupes blindées et motorisées allemandes, engagées à la frontière germano-hollandaise. Hitler, enthousiaste, ordonne d'accroître les opérations parachutistes pour les jours suivants.

La 18e armée allemande envahit rapidement les Pays-Bas, malgré la résistance courageuse des troupes hollandaises. L'aide militaire française tourne court : la 7e armée du général Giraud, après quelques succès locaux, doit se replier. La percée allemande sur la Meuse prend à revers Giraud et

1. *Archives militaires allemandes, Fribourg-en-Brisgau.*

ses excellentes divisions, imprudemment engagées en Hollande et au nord de la Belgique.

L'expédition française de Flessinge, où sont déposés par navires de guerre divers éléments des 68e et 60e divisions d'infanterie, sur les îles de Walcheren et de Zuid-Beveland, n'est pas plus heureuse, avec un rembarquement effectué peu de temps après, sous les bombes de l'aviation allemande.

L'armée hollandaise capitule le 15 mai. Cependant, l'opération militaire allemande d'invasion des Pays-Bas est coûteuse pour Hitler, avec 2 300 soldats allemands tués ou blessés, sans oublier 1 600 prisonniers capturés par les Néerlandais, dont 1 200 sont amenés en Angleterre. En cinq jours de combat, les Pays-Bas déplorent 2 890 soldats tués, 6 889 blessés, 230 000 prisonniers, sans oublier 2 500 civils tués lors des bombardements aériens.

Ainsi, malgré sa résistance courageuse, l'armée hollandaise n'a pu résister longtemps à l'invasion allemande, contraignant la France à la soutenir en lui envoyant la 7e armée du général Giraud, qui va cruellement manquer en tant que réserve stratégique pour contre-attaquer la percée allemande sur la Meuse. Décision catastrophique du général Gamelin, condamnant les forces militaires alliées du Nord à l'encerclement par la Wehrmacht.

*
* *

En novembre 1918, le gouvernement et le commandement britanniques soutiennent leurs homologues américains pour faire annuler l'offensive française en Lorraine, afin d'éviter une victoire trop éclatante de la France et de ne pas trop humilier l'Allemagne, en prévision de juteuses affaires après la guerre.

La politique étrangère britannique, ouvertement italophobe durant l'entre-deux-guerres, contribue à faire voler en éclats une alliance France-Italie-Angleterre contre l'Allemagne, allant même jusqu'à signer un pacte de réarmement naval avec Hitler, totalement contraire au traité de Versailles. Ne supportant pas la présence de l'Italie en Afrique orientale, la Grande-Bretagne, première puissance coloniale mondiale, se permet de donner des leçons d'anticolonialisme à Mussolini lors de la guerre italo-éthiopienne en 1935-1936, poussant la France à sanctionner avec elle l'Italie par des mesures économiques, totalement inefficaces, mais jetant Mussolini dans les bras de l'Allemagne.

Finalement, après de nombreuses reculades désastreuses devant Hitler, la Grande-Bretagne déclare la guerre à l'Allemagne, à la suite de l'offensive de la Wehrmacht contre la Pologne, en septembre 1939. Elle entraîne la France dans cette aventure tragique, alors que l'armée française n'est pas prête, avec notamment une aviation inférieure numériquement et techniquement à la Luftwaffe, sans oublier une doctrine d'emploi des unités blindées totalement dépassée. La Grande-Bretagne ne peut soutenir que faiblement son allié français, en lui envoyant seulement une dizaine de divisions, approuve le plan désastreux du général Gamelin d'intervenir en Belgique en mai 1940, puis, pris au piège dans les Flandres, décide finalement d'abandonner la France à son sort, en envisageant le rembarquement de son corps expéditionnaire à Dunkerque, tout en poussant Paris à poursuivre la lutte quasiment seul contre Hitler. Londres n'est pas à un paradoxe près.

Il convient de s'étendre sur cette dernière période, souvent présentée d'une manière peu objective par l'historiographie anglo-américaine, en accablant la France de tous les maux.

Placé sous le commandement du général Gort, le corps expéditionnaire britannique (CEB), fort de 10 divisions d'infanterie, est engagé dès le 10 mai 1940 sur le front de la Dyle, aux côtés de la 1re armée française, afin de contrer l'offensive allemande en Belgique. Dès le 11 mai, la 3e division d'infanterie du général Montgomery s'installe à gauche dans le secteur de Louvain, la 1re division d'infanterie du général Alexander au centre et la 2e division d'infanterie du général Loyd sur la droite, au nord de Wavre. Le général Gort dispose ses unités en profondeur, avec 2 divisions (4e et 48e divisions des généraux Johnson et Thorne) en retrait au nord et au sud de Bruxelles, 2 autres en réserve et 2 autres plus en arrière, sur l'Escaut. Comme l'écrit Jean-Paul Pallud, « les Allemands ne font aucun effort dans ce secteur et les unités du CEB ont le temps de se déployer et de s'organiser en toute tranquillité[1] ».

En effet, c'est l'armée française qui supporte l'essentiel de l'offensive allemande avec la 9e Panzerdivision engagée contre la

1. Ibid.

1re division française légère mécanique (DLM) au sud de la Hollande et au nord de la Belgique, les 3e et 4e Panzerdivision contre les 2e et 3e DLM françaises à Hannut, et les 7 autres Panzerdivision sur le front de la Meuse, défendu uniquement par des divisions françaises d'infanterie.

Du 12 au 15 mai, le CEB doit cependant faire face à divers assauts de l'infanterie allemande, qu'il parvient à repousser facilement, malgré l'intervention de la Luftwaffe. Le 16 mai, après la percée allemande sur la Meuse, le CEB reçoit l'ordre de quitter le front de la Dyle afin de s'établir sur une nouvelle ligne de défense établie sur l'Escaut, 90 kilomètres en arrière. Le CEB livre divers combats pour ralentir l'avancée allemande, tout en menant une retraite ordonnée. Dans les secteurs d'Arras, de Cambrai et de Nieuport, plusieurs régiments britanniques opposent une résistance acharnée, aux côtés des troupes françaises.

Très rapidement, le général Gort se trouve placé devant l'alternative suivante : trouver une solution pour anéantir les Panzerdivision profondément avancées sur les arrières des troupes alliées, après la percée sur la Meuse, auquel cas il faut tenir solidement les bases maritimes, permettant lors de cette période de crise de ravitailler les forces alliées encerclées ; ou bien retirer les forces britanniques encerclées pour les soustraire à l'anéantissement et à la captivité, ce qui ne peut se concevoir que de deux façons : soit par une retraite générale sur la Somme, que les conditions militaires rendent rapidement problématique, soit par une évacuation maritime. En un mot : s'accrocher ou décrocher, ravitailler ou évacuer.

> Contrairement à ce que l'on croit généralement, écrit Jacques Mordal, cette alternative a été étudiée simultanément en France et en Angleterre, dès le 19 mai 1940. Et dans les deux pays la réaction initiale a été la même, car personne ne pensait alors qu'il fût matériellement possible d'exécuter sans des pertes effroyables une opération aussi délicate que l'évacuation par voie de mer sous le feu de l'ennemi d'une masse aussi considérable de combattants[1].

Les jours suivants, les Britanniques pencheront de plus en plus vers la solution de l'évacuation qui, malgré les perspectives peu encourageantes du début, apparaît comme la seule possible. Les Français, au contraire, préfèrent la solution du ravitaillement et vont pendant huit jours multiplier leurs efforts dans ce sens, avec une réelle persévérance.

Les deux positions s'expliquent. Pour les Français, il s'agit de conserver un vaste territoire national industriel. Or les Anglais ont engagé dans la bataille des Flandres tout ce qu'ils possédaient en hommes et en matériel. Passe pour le matériel, mais les hommes, tous des soldats professionnels, il faut absolument les sauver. Si l'on prend la liste des hauts gradés britanniques ayant joué un rôle considérable

1. *Jacques Mordal,* Dunkerque, *éditions France-Empire, 1968.*

dans la conduite des armées victorieuses en 1944 : Alexander en Italie, Montgomery en Normandie, Brooke à la tête de l'état-major impérial, tous se trouvaient en Belgique et en France en mai 1940 et, sans l'évacuation de Dunkerque, ils auraient terminé la guerre derrière les barbelés d'un oflag.

Il ne fait donc aucun doute que les Britanniques ont vu juste dans leur manœuvre de repli et de rembarquement, et que l'expérience leur a donné raison. Cependant, bien des malentendus auraient été évités s'ils avaient su précocement annoncer leur décision au commandement français.

Incontestablement, le CEB se trouve en grand danger le 20 mai depuis la percée de la Meuse et l'arrivée des Panzerdivision sur la Somme. L'échec de la contre-attaque franco-britannique à Arras, le 21 mai, ne fait que convaincre davantage le général Gort de la nécessité d'une évacuation par voie maritime du CEB. Il ne croit plus à la possibilité d'un redressement de l'armée française dans l'immédiat. Une vaste offensive française sur la Somme, afin de secourir les troupes alliées des Flandres encerclées, lui semble impossible, du fait de la suprématie aérienne de la Luftwaffe, capable d'écraser sous les bombes les moindres mouvements offensifs alliés. Il craint également que l'armée belge ne soit pas en mesure de prolonger une résistance efficace. Il reconnaît cependant que les 3 divisions légères mécanisées françaises (DLM), enfermées dans la poche des Flandres, ne peuvent briser l'encerclement sans l'appui des troupes britanniques. Ainsi Gort reste-t-il dans le flou auprès du commandement français quant à sa décision finale.

Le 26 mai 1940, si le gouvernement britannique informe le gouvernement français que ses forces se replient sur la côte, il omet néanmoins de préciser que c'est avec l'intention de rembarquer et non de défendre une tête de pont aussi longtemps que possible. Le 27 mai, le général Gort ne se dérange même pas pour rencontrer ses homologues français à Cassel. Les instructions venues de Londres sont claires :

> Si l'offensive française de la Somme ne peut être effectuée avec une force suffisante pour garder la perspective de faire la liaison avec les armées alliées du Nord, vous vous trouverez dans une situation où la sécurité du CEB devra passer au premier plan. La seule solution dans cette circonstance sera, pour vous, de vous tailler la route vers l'ouest, où toutes les plages et tous les ports à l'est de Gravelines seront utilisés pour l'embarquement. La marine vous amènera une flotte de navires et de petits bateaux, et la RAF vous prêtera une pleine assistance[1].

Parvenus les premiers dans la tête de pont de Dunkerque le 26 mai, le CEB peut commencer son rembarquement, tandis que les troupes françaises vont se sacrifier pour le couvrir avec succès. Hypocritement, Gort se scandalise le 28 mai de voir que le commandement français ne parle toujours

1. *Archives militaires britanniques, Londres.*

pas d'évacuation. Même étonnement lorsqu'il apprend qu'une partie de la 1re armée française livre bataille dans la poche de Lille à plusieurs divisions allemandes. Gort déplore le sacrifice des troupes françaises d'élite. Il supplie le commandement français, dont le général Blanchard, de leur donner l'ordre de rallier la côte à tout prix. Mais songe-t-il aussi que c'est précisément leur sacrifice à Lille et ailleurs qui permettra aux Britanniques d'achever leur embarquement avec succès, comme le reconnaîtra Churchill lui-même ? Sans parler de la résistance héroïque des troupes françaises à Boulogne, à Calais, sur l'Aa, où plusieurs Panzerdivision y sont engagées, sans oublier les attaques françaises sur la Somme, fixant également de nombreuses divisions allemandes. Enfin, on ne peut oublier que les furieux combats livrés par l'armée française du 10 au 23 mai 1940 ont mis hors d'état de nuire 30 % des chars (détruits ou endommagés) de la Wehrmacht, le fleuron de l'armée d'Hitler.

Ces faits, curieusement occultés par le général Gort et nombre d'historiens britanniques, plus portés à couvrir leurs alliés français de tous les maux, ont été déterminants dans le « miracle » de Dunkerque.

« Seul un miracle pourra désormais sauver le CEB », note le général britannique Brooke dans son journal du 23 mai[1]. « Nous allons pratiquement perdre tous nos soldats entraînés dans les tout

1. *Archives militaires britanniques, Londres.*

prochains jours, à moins d'un miracle[1] », écrit de son côté le général britannique Ironside, le 25 mai. Le 26 mai, le général Gort envoie un télégramme à son gouvernement : « Je ne dois pas vous cacher qu'une grande partie du CEB et de ses équipements seront inévitablement perdus, même dans le meilleur des cas[2]. » Churchill pense alors que 20 000 à 30 000 hommes seulement pourront être sauvés. Or 7 Panzerdivision vont être dispersées pour essayer d'anéantir les poches françaises de résistance, et 3 autres maintenues en réserve, afin de combler leurs importantes pertes, en vue des combats à venir sur la Somme et l'Aisne, contre le reste de l'armée française.

Le corps expéditionnaire doit donc en grande partie son salut à l'héroïque résistance de l'armée française, alors même que l'armée belge est contrainte de capituler le 28 mai, après la défection de plusieurs unités flamandes.

Durant l'hiver 1939-1940, le major britannique Archale, officier de liaison britannique auprès de la 1re armée française, se lie d'amitié avec le commandant français Fauvelle. Le 23 mai 1940, tard dans la soirée, Archale vient faire ses adieux à Fauvelle, tout étonné d'apprendre cette nouvelle. L'officier britannique, pourtant tenu par le secret, fait quelques confidences à son ami français, en lui annonçant notamment que le CEB (corps expéditionnaire britannique) doit rembarquer à Dunkerque. Des détails précis corroborent cette information capitale. Au

---

1. Ibid.

2. Archives militaires britanniques, Londres.

même moment, en effet, des officiers français de liaison viennent d'apprendre que le général britannique Franklyn évacue Arras et que des unités anglaises commencent à faire sauter les ponts de la Deûle. Désormais, aucun doute ne subsiste : le CEB file à l'anglaise !

Le commandant Fauvelle, ne voulant pas garder pour lui une information aussi importante, fait réveiller le colonel Humbert, officier d'état-major de la 1re armée française. Les deux officiers décident le lendemain même de rencontrer le général Blanchard, commandant de la 1re armée française. Arrivés à Attiches au début de la matinée du 24 mai, Humbert et Fauvelle font irruption en pleine conférence des généraux de corps d'armée :

> Les généraux, raconte Fauvelle, paraissaient écrasés de fatigue. La plupart n'avaient pas pris un instant de repos depuis des jours. Pourtant une discussion pathétique venait d'éclater, soulevée par le commandant du 3e corps d'armée, le général de La Laurencie, hanté par la situation tragique de son corps d'armée, qu'il cherchait à dégager de l'encerclement des Flandres. La nouvelle que nous apportions ne fit que renforcer la thèse que le CEB allait rembarquer à Dunkerque. Il fallait à tout prix mettre le général Weygand au courant de la situation, prendre contact avec le général Gort, connaître ses véritables intentions. Si le chef du CEB ne voulait plus se battre sous les ordres des Français,

> peu importe, il n'avait qu'à se battre sous les siens. Mais du moins, continuer à se battre côte à côte. Le général Blanchard se fit sans délai conduire au QG du général Gort. Il ne put s'entretenir qu'avec son chef d'état-major, le général Pownall. Celui-ci sembla étonné. Il n'était nullement question de rembarquement. Il y avait pourtant une certaine réticence dans son attitude. Blanchard n'hésita plus. Il fallait informer le général Weygand, nouveau commandant en chef de l'armée française, de l'attitude ambiguë du commandement britannique[1].

Le commandant Fauvelle se voit charger de cette délicate mission. Arrivé à Paris le 25 mai, il est immédiatement reçu par le général Weygand et lui expose en quelques mots les graves événements qui ont motivé son voyage. Weygand, qui connaît depuis la veille la nouvelle de l'évacuation d'Arras par les Britanniques, est déjà préparé au pire. Il a même évoqué pour la première fois la possibilité d'un repli sur Dunkerque. Mais l'aube du 25 mai s'est levée sur un regain d'espoir : le 5e corps d'armée français et les 3 divisions françaises légères mécanisées (DLM) doivent mener une puissante contre-offensive sur le front Douai-Cambrai, en direction de Bapaume et Péronne. Cette opération n'est possible qu'avec le soutien du CEB…

Weygand informe Fauvelle que le chef du gouvernement français, Paul Reynaud, s'apprête à ouvrir

1. *Archives militaires françaises, Vincennes.*

une séance du Comité de guerre à laquelle doivent prendre part le maréchal Pétain (vice-président du gouvernement), le général Vuillemin (commandant en chef de l'armée de l'air française), l'amiral Darlan (commandant en chef de la marine nationale) et Paul Baudouin, secrétaire du comité, ainsi que bien entendu le général Weygand lui-même.

Par une curieuse coïncidence, Reynaud reçoit au même moment, dans son bureau, l'envoyé particulier de Churchill (chef du gouvernement britannique), le général anglais Spears, déposé en avion à Villacoublay peu après l'arrivée du commandant Fauvelle au Bourget. Spears vient tout justement d'assurer à Reynaud

> qu'aucune personnalité responsable en Angleterre ne saurait retenir l'hypothèse d'une retraite vers la mer si ce n'est en dernier ressort, du fait que le rembarquement d'une force si importante avec d'aussi pauvres moyens portuaires, devant un ennemi avançant avec une rapidité terrifiante et une force écrasante le long de la côte, ne pourrait être qu'une entreprise désespérée[1].

Or c'est précisément le contraire que le commandant Fauvelle vient exposer au Comité de guerre, devant lequel Weygand lui a demandé de témoigner :

---

1. *Cité par Jacques Mordal,* Dunkerque, op. cit.

Dès mon entrée en séance, Paul Reynaud m'a immédiatement donné la parole. L'évocation du retrait du CEB soulève des dénégations plus ou moins embarrassées de Spears, également présent, qui insinue qu'il ne s'agit sans doute que d'une hypothèse. Je reste cependant formel, en ajoutant que l'amiral français Abrial m'a parlé d'embarquement de matériel anglais déjà signalé dans le port de Dunkerque, et, détail significatif, le gouverneur de Lille m'a rapporté vingt-quatre heures plus tôt que des soldats britanniques traversaient la ville aux cris de « *war finished!* » Le doute n'est plus possible. Je poursuis ensuite mon exposé. Dans la situation où se trouve la 1re armée française, encerclée dans les Flandres, si elle se bat seule, sans l'aide britannique, la bataille du Nord est perdue d'avance, c'est la capitulation inévitable à plus ou moins brève échéance. Je n'entrevois alors que deux hypothèses : ou bien tenter l'évacuation par mer de tout ce que l'on pourra sauver de la 1re armée française ; ou bien lutter sur place, à condition que le CEB poursuive le combat à nos côtés. Comme me l'a exposé le général Blanchard, une puissante contre-offensive alliée est encore possible en direction de Bapaume et Péronne. L'armée allemande a subi des pertes considérables[1].

1. *Archives militaires françaises, Vincennes.*

Avant de regagner son poste, le commandant Fauvelle se rend auprès du général Georges, adjoint de Weygand, et lui expose de nouveau les faits : sans l'aide britannique, une percée des armées alliées du Nord est impossible ; l'embarquement par Dunkerque deviendrait alors inévitable. Il devient alors indispensable, pour fortifier la position du général Blanchard devant les Alliés, de le confirmer officiellement dans ses fonctions de commandant du groupe d'armées alliées du Nord, et de le remplacer à la tête de la 1re armée française par le général Prioux. Le général Weygand accède à cette demande dès le 25 mai. Le même jour, Weygand informe Blanchard par télégramme qu'il a carte blanche pour se replier sur Dunkerque. À réception de ce télégramme, le général Blanchard signe l'ordre de repli au nord de la Lys.

Une nouvelle réunion du Comité de guerre se déroule le même soir à l'Élysée sous la présidence d'Albert Lebrun, président de la République française. Le général Weygand décrit la situation présente à la lumière des nouveaux renseignements fournis par le commandant Fauvelle. Il n'en cache pas la gravité :

> Les moyens dont nous disposons pour tenir le front de la Somme, de l'Ailette et de l'Aisne sont hors de proportion avec ceux que l'ennemi peut lancer à l'attaque. Il n'est pas certain qu'on puisse sauver quoi que ce soit des armées du Nord. Les pertes allemandes sont cependant lourdes. Il est donc décidé de faire front coûte que coûte.

> Si nos lignes sont enfoncées, on constituera des môles de résistance et l'on tiendra partout où c'est possible, aussi longtemps qu'il le sera possible pour infliger à l'ennemi le maximum de pertes. Le général Koeltz, un de mes adjoints, va partir dans le Nord avec les instructions les plus fermes pour l'établissement d'une solide tête de pont, qu'on élargira le plus possible vers l'Ouest[1].

L'amiral Darlan, commandant en chef de la marine française, se préoccupe rapidement des charges redoutables qui risquent de lui incomber. Et en premier lieu les problèmes de ravitaillement de la poche de Dunkerque. L'éventualité d'une évacuation par mer hante les esprits de l'état-major de la marine française.

Après l'exposé du commandant Fauvelle, cette possibilité devient une certitude pour l'amiral Darlan. Il songe alors à envoyer sur place le capitaine de vaisseau Auphan, sous-chef d'état-major de l'amirauté française. Auphan, particulièrement au courant de la situation dans le secteur maritime nord, s'est rendu quelques jours auparavant à Boulogne. Darlan le charge de prendre contact avec l'amirauté britannique, afin de mieux sonder les intentions anglaises et finalement de coordonner les opérations des deux marines. Embarqué à Cherbourg sur le navire de guerre *Foudroyant*, le capitaine de vaisseau Auphan arrive à Douvres le 27 mai au matin. Il a rendez-vous avec l'amiral

1. Ibid.

français Odend'hal, chef de la mission de liaison que la marine française entretient à Londres auprès de l'amirauté anglaise, lequel doit venir en auto par la route accompagné de l'amiral français Leclerc, chef d'état-major de l'amiral français Abrial, venant de Dunkerque en vedette rapide. Son intention est, après avoir conféré avec ces officiers français, de prendre contact avec l'amiral Ramsay, commandant de la marine britannique à Douvres, qu'il a déjà rencontré plusieurs fois, afin de jeter avec lui les bases d'une opération commune.

Vers 9 heures du matin, Auphan s'installe avec Odend'hal pour un rapide petit déjeuner dans un hôtel réquisitionné de Douvres en attendant l'arrivée de Leclerc. Il est fort surpris de constater la quantité d'officiers de marine anglais en tenue de combat. L'amiral français Odend'hal demande à l'un d'eux ce que signifie cette agitation :

> Tous ces officiers, me répond-on, viennent d'être désignés en corvée par divers services pour armer à Douvres, le jour même, des embarcations et petits bâtiments qu'on y a rassemblés, afin d'évacuer séance tenante les troupes britanniques à Dunkerque. Notre surprise est totale. Celle de l'amiral Leclerc ne sera pas moindre à son arrivée. Nous étions venus nous enquérir des projets anglais et étudier avec eux une opération en commun. Nous constatons que depuis quelques jours les Anglais ont déjà fait des préparatifs importants et sont prêts à passer

à l'exécution. En fait, l'opération est officiellement commencée depuis la veille au soir. En raison de l'ampleur et de la difficulté de sa tâche, l'amiral Ramsay est secondé par l'amiral sir James Somerville. Le capitaine de vaisseau Auphan les rencontra longuement l'un et l'autre, afin de souder l'opération française à l'opération britannique. Mais la marine anglaise avait naturellement des moyens beaucoup plus puissants que les nôtres. Le fait qu'elle avait déjà rassemblé ces moyens, alors que les réquisitions françaises de matériel flottant n'étaient pas encore commencées, qu'elles ne pourraient se faire que dans des ports beaucoup plus éloignés du secteur de Dunkerque, puisque la côte était envahie jusqu'à la Somme, explique largement l'écart entre les résultats qui devaient être obtenus[1].

L'entretien terminé, le capitaine de vaisseau Auphan rembarque aussitôt sur le *Foudroyant*. Au loin, il entend les bombes tomber sur Dunkerque, qui subit ce jour-là une importante attaque aérienne. Après une reconnaissance des environs de Boulogne, déjà occupée par les Allemands, il est au Havre le matin du 28 mai, d'où un avion le ramène au siège du commandement de la marine française, installé à Maintenon, pour rendre compte à Darlan de sa mission.

1. Ibid.

Devant la gravité des nouvelles apportées par Auphan, l'amiral Darlan décide de le conduire chez le général Weygand, aux Invalides, à Paris. Le compte rendu de cette visite, tel qu'il fut dicté par Weygand, est le suivant :

> Le capitaine de vaisseau Auphan a constaté que les Britanniques avaient déjà établi un plan d'évacuation et qu'une mission britannique d'officiers de marine allait se mettre aux ordres du général Gort, commandant du CEB, pour sa préparation. L'amirauté britannique avait seulement dit à l'amiral Darlan qu'elle envoyait un capitaine de vaisseau britannique à Dunkerque pour assurer la liaison avec l'amiral Abrial.
>
> De l'étude en commun de la liaison et de la préparation de l'évacuation, il en ressort les propositions conjointes suivantes :
>
> 1. Le moment et l'ordre dans lesquels les troupes britanniques et françaises seront évacuées seront décidés par un accord entre le général Gort et le général Blanchard.
>
> 2. Le vice-amiral commandant à Douvres sera responsable de la rotation et de la navigation des navires français et anglais vers Dunkerque pour charger les évacués.
>
> 3. L'amiral Abrial ou le contre-amiral Platon, gouverneur de Dunkerque sous les ordres de l'amiral Abrial, est la seule autorité responsable pour tout ce qui concerne

l'amarrage et le chargement des navires à Dunkerque et sur la côte. Le capitaine de vaisseau Tennant est sous les ordres de l'amiral Abrial pour tout ce qui concerne l'amarrage et le chargement des navires anglais.

4. Un état-major naval français sera placé à Douvres pour prendre en main de ce côté l'évacuation sous les ordres de l'amiral Ramsay.

5. Tous les moyens navals pour l'évacuation seront mis en commun entre Douvres et Dunkerque.

6. La marine française enverra ses gros transports à Southampton ou tous autres endroits nécessaires pour évacuer sur la France, aussi vite que possible, toutes les troupes embarquées sur des petits bateaux arrivant à Douvres, ou dans le voisinage. Dès qu'elles seront débarquées, les troupes seront envoyées par chemin de fer aux ports d'embarquement pour la France.

7. Les amirautés française et britannique pensent que l'évacuation sera extrêmement difficile, sinon impossible sans une protection aérienne convenable, si la réoccupation des côtes entre Dunkerque et le cap Gris-Nez n'est pas obtenue par une contre-attaque terrestre combinée avec une opération navale[1].

---

1. Ibid.

La dernière phrase de ce protocole correspond au désir du général Weygand de repousser aussi loin que possible vers l'ouest les limites de la tête de pont de Dunkerque.

Cette contre-attaque pour se donner de l'air à l'ouest est la principale préoccupation du général Weygand à partir du moment où il estime impossible un dégagement vers le sud. Selon lui, une tête de pont réduite à Dunkerque ne peut se limiter qu'à une évacuation précaire sous l'artillerie allemande. Tout le matériel risque d'être perdu, alors que la 1re armée est composée des divisions les mieux équipées de toute l'armée française. S'il faut poursuivre la lutte sur la Somme et l'Aisne, il faut en sauver le plus possible. Plus la poche de Dunkerque sera large, plus grand sera le nombre de divisions allemandes retenues sur ce périmètre, rendues ainsi indisponibles lors de l'offensive sur la Somme et l'Aisne. Weygand estime que les Allemands ont commis une faute capitale en n'attaquant pas tout de suite Dunkerque, après avoir atteint la mer du Nord. Le général allemand Guderian le sait bien lui-même et ne décolère pas. Mais pour que la contre-offensive alliée soit un succès, encore faut-il que le corps expéditionnaire britannique participe à l'action, aux côtés des troupes françaises. Or le général britannique Gort n'a qu'un seul but : évacuer le CEB le plus vite possible, si bien que la contre-attaque prévue par Weygand est finalement annulée. D'autant plus que la bataille de Lille concentre une partie des troupes françaises.

Les troupes françaises tiennent la plus grande partie du périmètre défensif de la poche de

Dunkerque. Les rares troupes britanniques engagées à leurs côtés rembarquent peu à peu. Si bien qu'une fois de plus l'armée française prend en charge la quasi-totalité du front pour contrer les attaques allemandes, dont les effectifs sont nettement plus importants.

Si les forces armées britanniques apportent un soutien naval et aérien d'importance dans le rembarquement des troupes alliées à Dunkerque, on ne peut en dire autant sur le plan terrestre. Or c'est la résistance des troupes du périmètre défensif qui doit assurer le succès de ce sauvetage maritime, sans quoi les forces alliées seront capturées sur les plages et dans les ports par les unités allemandes.

Une polémique subsiste sur la participation anglaise à la défense de la poche de Dunkerque. Certains historiens britanniques affirment que plusieurs divisions anglaises y ont pris part. Il suffit de se reporter au compte rendu de l'entretien du 31 mai 1940 entre les deux alliés pour se faire une idée exacte de la situation. Ce jour-là, un général anglais doit se présenter au bastion 32 de la poche de Dunkerque, afin de coordonner la répartition des troupes engagées. Il est prévu que le général anglais Barker mette 3 divisions (3e, 5e et 42e DI) à la disposition du général français Fagalde. Or ce n'est point le général Barker qui se présente mais le général, futur maréchal, Alexander, commandant de la 3e division d'infanterie, afin de faire connaître la décision du commandement et du gouvernement britanniques :

Général Alexander : mes divisions, étant donné leur état de fatigue, n'arriveront pas à tenir le front que vous leur imposez. Elles sont très réduites en armement du fait des rudes combats qu'elles viennent de soutenir. D'ailleurs le général Gort ne m'a pas donné la mission de tenir un secteur de la tête de pont de Dunkerque avec les troupes françaises, mais de me replier dès que la totalité des troupes anglaises serait embarquée.

Général Fagalde : alors vous admettez que l'armée française seule couvre les embarquements de l'armée anglaise, tandis que l'armée anglaise n'apporterait aucune aide à l'armée française pour son repli ?

Général Alexander : je ne demande pas mieux que de coopérer avec vous, mais je vous préviens que mes troupes décrocheront cette nuit à partir de minuit conformément aux ordres que j'ai reçus du général Gort.

Général français Altmayer, également présent : je crois devoir insister sur la notion d'honneur. Nous nous battons pour sauver tout ce qui peut l'être, anglais ou français, mais nous ne saurions partir de l'endroit où nous sommes sans avoir le sentiment que nous avons accompli tout notre devoir. Cette heure n'a pas encore sonné. Nous pouvons plus si les Britanniques veulent bien nous assurer leur concours.

Général Alexander : j'ai reçu l'ordre d'embarquer à minuit.

Général Altmayer : mais, mon général, nous avons une mission qui nous est donnée par l'amiral Abrial et par le général Fagalde, et qui nous est explicitement confirmée par le général Gort. C'est celle de défendre la tête de pont de Dunkerque avec toutes les forces françaises disponibles et avec 3 divisions britanniques. Nous devons remplir cette mission.

Général Alexander : je n'ai pas reçu les ordres du général Gort.

L'amiral français Abrial, qui assiste à la scène, s'adresse au général Alexander : en somme la lettre que le général Gort m'a écrite, la seule qui à mes yeux ait une valeur, est contradictoire avec les ordres verbaux qu'il vous a donnés à vous, mon général. Je vous propose, pour que nous puissions agir en plein accord, d'aller ensemble voir le général Gort. Il est 16 h 30 et il m'a dit qu'il ne s'embarquerait qu'à 19 heures. La Pérouse, voulez-vous annoncer notre visite au général Gort.

Général Alexander : il est inutile d'aller voir le général Gort, il est parti à 16 heures.

Amiral Abrial : puisqu'il n'y a plus moyen de compter sur la coopération anglaise, mon général, la mission qui m'a été dévolue sera assurée par les troupes françaises seules. Nous, Français, sommes liés à une mission impérative qui est de

> résister jusqu'à la mort pour sauver tout le personnel possible de la tête de pont de Dunkerque. Tant que ce but n'aura pas été atteint, nous resterons sur place[1].

En réalité, le général Gort ne devait quitter Dunkerque qu'à 2 heures du matin dans la nuit du 31 mai au 1er juin 1940. Si les troupes terrestres anglaises ont faiblement coopéré à la défense de la poche, il est juste de souligner que la flotte britannique, appuyée par la RAF (Royal Air Force), a joué un rôle déterminant dans l'évacuation de la plus grande partie des soldats alliés. Mais c'est la résistance des soldats français, à Lille et à Dunkerque notamment, qui a rendu cette évacuation possible.

L'armée française, devant protéger le périmètre défensif de Dunkerque de 40 kilomètres, est réduite à quelques unités, lesquelles vont pourtant lutter avec une bravoure extraordinaire, en parvenant à contenir durant plusieurs jours des forces allemandes disposant d'une écrasante supériorité numérique et matérielle.

La défense de la poche de Dunkerque est assurée par la 12e division d'infanterie motorisée française (DIM) du général Janssen, réduite à 8 000 hommes, les troupes de la 68e DI française du général Beaufrère, divers éléments des 21e et 32e DI françaises, plusieurs groupes de reconnaissance, le groupement blindé Marchal, constitué de 21 chars Somua S35 et 18 chars Hotchkiss H39 des 1re et 2e DLM, diverses unités du secteur fortifié

1. Ibid.

des Flandres (SFF) du général Barthélémy et de la 60e DI, ainsi que divers éléments de la marine nationale en artillerie et en infanterie. La totalité des troupes françaises défendant l'ensemble du secteur de Dunkerque ne dépasse pas 30 000 hommes et 39 chars, commandés par le général Falgade et l'amiral Abrial. Sur ces 40 kilomètres de front, des unités britanniques des 1re, 42e et 46e DI couvrent un secteur de 4 kilomètres, soit entre 2 500 et 6 000 hommes, suivant les rembarquements. Les dernières unités combattantes britanniques partent dans la nuit du 1er au 2 juin 1940.

À Lille, 7 divisions allemandes sont retenues. Pour réduire la poche de Dunkerque, la Wehrmacht engage 8 divisions d'infanterie (61e, 18e, 254e, 14e, 216e, 56e, 208e, 256e DI), la 9e Panzerdivision et des éléments de la 2e division d'infanterie motorisée. L'appui aérien est assuré par les 2e et 3e armées aériennes de la Luftwaffe (800 avions). L'ensemble des forces terrestres allemandes engagées représente 160 000 hommes et une centaine de chars, soit une supériorité numérique et matérielle écrasante.

Du 26 mai au 4 juin 1940, les 30 000 soldats français de la poche de Dunkerque, soutenus jusqu'au 1er juin par 2 500 à 6 000 soldats britanniques, résistent héroïquement aux assauts de 160 000 soldats allemands. À plusieurs reprises, malgré l'écrasante supériorité numérique allemande, des unités françaises contre-attaquent avec fougue. Le 2 juin, le 1er bataillon français du 137e RI ne compte plus que 50 survivants sur un effectif initial de 500 soldats. De nombreux bataillons allemands, engagés dans cette fournaise, subissent des pertes aussi lourdes.

Durant une dizaine de jours, les chefs militaires français de la poche de Dunkerque ont dû faire preuve d'un remarquable esprit d'initiative et d'un immense courage pour contrer l'offensive allemande. Sans cesse harcelés sur un secteur menacé d'effondrement puis sur un autre, obligés de retirer d'une position les troupes pour colmater une brèche ailleurs, jamais ils ne purent suivre un plan de défense organisé à l'avance. C'est ainsi que le 16e corps d'armée, affecté en principe à la défense de la poche de Dunkerque, n'a aucune de ses unités en position lorsque se produit l'offensive allemande sur l'Aa. Il faut improviser avec les troupes disponibles. Par chance, le SFF s'offre pour tenir la route du sud, puis les 48e et 137e RI de la 21e DI française arrivent providentiellement dans le secteur, à temps pour contenir les attaques allemandes de Saint-Georges et de Zegerscappel, et permettre à la 68e DI française, enfin dégagée de Belgique, de venir prendre position sur le canal de Mardyck et à Spycker, avant l'assaut final de la Wehrmacht.

À l'est, il en va de même. La 60e DI française a contribué à la défense de Dunkerque, car tout au long de sa difficile retraite de Belgique, elle a servi d'écran aux défenseurs directs du camp retranché, mais c'est la 12e DIM française qui a tenu ferme le front est de la poche.

Les Britanniques ont pu au contraire s'organiser plus facilement, du fait du sacrifice des troupes françaises. Ainsi, le programme d'embarquement décidé par le commandement anglais leur permet de ne pas participer jusqu'au bout à la défense. À titre d'exemple, le 6e régiment Green Howards, engagé sur l'Aa le 24 mai, se trouve en route pour le port de Dunkerque dès le 25 mai. De même qu'une batterie de DCA britannique, établie sur le terrain de Mardyck, qui décroche dans la nuit du 27 au 28 mai. Sur le canal de la Colme, des troupes britanniques restent jusqu'à la nuit du 31 mai au 1er juin, mais ont évacué lors de l'attaque allemande de la matinée sur Notre-Dame-des-Neiges. Sur le canal de Loo, à l'est, c'est la 2e DLM française qui protège le rembarquement des Britanniques jusqu'à 4 heures du matin le 30 juin. On pourrait multiplier les exemples.

> La défense ultime de Dunkerque, écrit Jacques Mordal, est l'œuvre des soldats français des 21e et 68e DI, 12e DIM, du SFF et des canonniers marins. Sans chercher à établir un classement parmi eux, on doit faire une mention spéciale à la 21e DI qu'on retrouve partout à l'honneur dans cette bataille des ports du Nord. Lanquetot à Boulogne, La Blanchardière au bastion 11 de Calais, et, devant Dunkerque, le 137e RI du colonel Menon, qui, après avoir contenu l'avance ennemie sur l'Aa, va se sacrifier à Teteghem et pourra se prévaloir d'avoir, au pont du Chapeau-Rouge, formé le dernier carré[1].

Le général Georg von Küchler, commandant la 18e armée allemande, engagée contre la poche

---

1. *Jacques Mordal,* Dunkerque, op. cit.

de Dunkerque, témoigne ainsi dans son journal de guerre :

> Malgré notre écrasante supériorité numérique et matérielle, les troupes françaises contre-attaquent en plusieurs endroits. (...) Je ne parviens pas à comprendre comme d'aussi valeureux soldats, luttant en divers endroits à un contre dix (parfois même un contre trente), parviennent à trouver encore suffisamment de force pour passer à l'assaut : c'est tout simplement stupéfiant ! Je retrouve chez les soldats français de Dunkerque la même fougue que celle des poilus de Verdun en 1916. Depuis plusieurs jours, des centaines de bombardiers et de canons pilonnent les défenses françaises. Or c'est toujours la même chose : notre infanterie et nos chars ne peuvent percer, malgré quelques succès locaux éphémères. Le commandement français a très habilement installé sa troupe et son artillerie. Je crains que l'opération de Dunkerque soit un échec pour nous : la quasi-totalité du corps expéditionnaire britannique et la plus grande partie de la 1re armée française vont nous échapper, car quelques milliers de braves nous barrent l'accès à la mer. C'est consternant, mais c'est ainsi. Dunkerque m'apporte la preuve que le soldat français est l'un des meilleurs du monde. L'artillerie française, tant redoutée

> déjà en 14-18, démontre une fois de plus sa redoutable efficacité. Nos pertes sont terrifiantes : plusieurs bataillons ont perdu 60 % de leurs effectifs, parfois même plus. En résistant une dizaine de jours à nos forces nettement supérieures en effectifs et en moyens, l'armée française a accompli, à Dunkerque, un superbe exploit qu'il convient de saluer. Elle a certainement sauvé la Grande-Bretagne de la défaite, en permettant à son armée professionnelle de rejoindre les côtes anglaises[1].

Lorsque le 19 mai 1940 l'évacuation du corps expéditionnaire britannique est officiellement envisagée à Londres, on estime qu'un retrait éventuel et partiel est possible par trois ports du Nord de la France, à savoir Boulogne, Calais et Dunkerque. La situation évolue après les chutes des poches de Boulogne et Calais, si bien que, le 26 mai 1940, l'amiral britannique Ramsay, chargé d'accomplir l'évacuation par mer de la totalité du CEB, ne dispose plus que du port de Dunkerque. L'opération Dynamo est déclenchée à 18 h 57, ce même jour, par un message expédié à tous les navires placés sous ses ordres.

Les amirautés britannique et française parviennent à réunir, dans un temps record, 848 navires civils et militaires, soit 1 croiseur de DCA, 56 contre-torpilleurs, destroyers et torpilleurs, 6 sloops, 7 patrouilleurs, 2 canonnières, 11 corvettes,

1. *Archives militaires allemandes, Fribourg-en-Brisgau.*

38 dragueurs de mines, 230 chalutiers et équivalents, 3 transports, 3 bâtiments de commerce armés, 15 chasseurs, 40 skoots, 27 yachts, 45 malles, 8 navires-hôpitaux, 13 cargos, 40 remorqueurs, 13 navires de débarquement, 48 barges, 12 petits bâtiments à moteur, 8 chaloupes, 203 canots à moteur civils, 19 canots de sauvetage.

Sur ces 848 navires utilisés, 519 sont britanniques, 300 français (dont des navires belges réquisitionnés par la marine française), 29 néerlandais. En neuf jours, 235 navires alliés sont coulés du fait de l'ennemi ou victimes d'accidents divers, sans oublier 45 bâtiments endommagés, soit un total de 280 navires coulés ou endommagés, sur 848 engagés. La marine britannique déplore à elle seule la perte de 112 navires militaires ou civils coulés, la marine française 123.

La marine britannique parvient à embarquer 245 211 soldats alliés et la marine française 102 570, ce qui représente 347 781 soldats alliés sauvés, dont 224 686 soldats britanniques et 123 095 soldats français.

En neuf jours de combat, 18 219 soldats alliés sont tués ou portés disparus, dont 16 000 soldats français et 2 219 soldats britanniques ; 34 000 soldats alliés sont capturés, principalement français. Sur 400 000 soldats alliés enfermés dans la poche de Dunkerque, 347 781 ont donc pu s'en échapper et rejoindre les ports britanniques : ces chiffres témoignent de l'immense succès remporté par les Alliés, alors que l'amirauté britannique pensait au début pouvoir sauver seulement 30 000 à 40 000 soldats alliés. Les pertes militaires allemandes s'élèvent à 20 000 tués ou blessés, lors de l'unique bataille de Dunkerque, sans oublier 318 avions hors de combat, dont 156 détruits et 162 endommagés. L'aviation britannique est activement intervenue avec ses nombreux chasseurs, jouant ainsi un rôle important dans ce succès.

En mettant hors de combat 30 % des chars allemands (détruits ou endommagés) du 10 au 23 mai 1940, l'armée française contraint Hitler à ne pas engager massivement ses Panzerdivision contre la poche de Dunkerque – seule la 9e Panzerdivision participe à la bataille –, alors que les 9 autres Panzerdivision sont maintenues en réserve pour la seconde phase de la bataille de France ou surtout engagées ailleurs, notamment contre les poches françaises de Boulogne, Calais et Lille. Le sort de la bataille de Dunkerque se trouve ainsi en grande partie scellé par cette décision, que le général Guderian estime être « une faute capitale aux conséquences considérables dans le déroulement de la suite de la guerre[1] ».

Or Hitler n'ignore pas qu'il lui reste à affronter 60 % des forces françaises encore disponibles, dont 1 200 chars. Sur ses 2 638 panzers engagés au combat le 10 mai 1940, 612 sont détruits et 179 autres endommagés du 10 mai au 23 mai. Peut-il se permettre d'entamer davantage le potentiel offensif de ses Panzerdivision (déjà diminué) uniquement contre la poche de Dunkerque ? Le commandement allemand redoute une nouvelle bataille de la Marne. Hitler se persuade que l'action conjuguée

1. Ibid.

des 800 avions de la Luftwaffe, des vedettes rapides de la Kriegsmarine, des mines magnétiques, de la 9e Panzerdivision et de 8 divisions d'infanterie sera suffisante pour empêcher l'embarquement des troupes britanniques et françaises ; surtout que 3 Panzerdivision et 4 divisions d'infanterie sont engagées contre la poche de résistance française de Lille, sans parler des nombreuses divisions allemandes retenues par les troupes françaises dans d'autres parties du front, sur la Somme, le canal de l'Ailette, l'Aisne, etc.

Le poids de la bataille de Dunkerque sur le sort de la guerre est désormais clairement établi. L'armée française, par son héroïque sacrifice, a bel et bien sauvé la Grande-Bretagne de la défaite. C'est également une défaite tactique et stratégique pour Hitler, qui ne peut contraindre la Grande-Bretagne à négocier une paix séparée. L'historien américain Walter Lord, spécialiste incontesté de la Seconde Guerre mondiale, écrit avec justesse : « Nombre de généraux allemands considèrent la bataille de Dunkerque comme un tournant de la guerre : si le corps expéditionnaire britannique avait été fait prisonnier, la Grande-Bretagne aurait été vaincue ; si cela était arrivé, l'Allemagne aurait pu concentrer toutes ses forces sur la Russie ; Stalingrad n'aurait pas eu lieu[1]. »

Le général Brooke, chef d'état-major de l'armée britannique, replace la bataille de Dunkerque dans

1. *Walter Lord,* Le Miracle de Dunkerque, *Robert Laffont, 1983.*

une vision stratégique essentielle pour la survie de la Grande-Bretagne et du monde libre :

> Si le corps expéditionnaire britannique ne retournait pas en Angleterre, il serait difficile de concevoir comment l'armée reprendrait son souffle. La Grande-Bretagne pourrait remplacer le matériel perdu ; nos soldats professionnels seraient par contre irremplaçables. La Grande-Bretagne ne possédait que les troupes entraînées qui avaient combattu en France. Plus tard, celles-ci formeraient le noyau des grandes armées alliées qui devaient reconquérir le Continent. Leurs chefs – Alexander et Montgomery, pour ne citer que ces deux-là – s'étaient fait les dents à Dunkerque[1].

Winston Churchill va dans le même sens : « La résistance héroïque de l'armée française à Lille et à Dunkerque a sauvé l'armée britannique, permettant à l'Angleterre de poursuivre la guerre[2]. »

La résistance acharnée de l'armée française sauve de la capture 403 517 soldats britanniques sur les 450 000 présents en France en mai-juin 1940, car l'évacuation de Dunkerque n'est pas l'unique opération de ce type durant cette période, plusieurs ports français permettant d'autres rembarquements, avec le sacrifice en couverture de nombreux soldats

1. *Archives militaires britanniques, Londres.*
2. Ibid.

français. Ainsi la Grande-Bretagne sauve-t-elle la plus grande partie de son armée présente en France, permettant de sanctuariser son propre territoire dans l'immédiat, malgré la perte de 3 457 soldats britanniques tués et 43 026 prisonniers en mai-juin 1940. Les 403 517 soldats sauvés de la capture représentent l'essentiel de l'armée britannique en juillet 1940, comme tient à le rappeler le général anglais Brooke, chef d'état-major.

Après la perte de 1 428 avions en mai-juin 1940 contre principalement la chasse française, la Luftwaffe n'est pas en mesure de mettre à genoux l'aviation britannique, qui parvient à mettre en ligne 1 396 appareils le 10 août 1940, dont 1 095 chasseurs, contre 3 031 avions allemands, dont seulement 1 223 chasseurs. En mai-juin 1940, la chasse française a donc joué un rôle important dans l'échec allemand de la bataille d'Angleterre en juillet-octobre 1940, comme le souligne le général allemand Adolf Galland, un des as de la Luftwaffe. Il est d'ailleurs significatif de remarquer qu'en quarante-cinq jours de combat en mai-juin 1940, la Luftwaffe perd 1 428 avions contre 1 616 durant les cent vingt-trois jours de la bataille d'Angleterre en juillet-octobre 1940, sans oublier 2 668 aviateurs allemands tués en mai-juin 1940 contre 2 662 lors de la bataille d'Angleterre (chasseurs, bombardiers et avions de reconnaissance). Le sacrifice de l'armée française en mai-juin 1940 permet donc à la Grande-Bretagne de poursuivre la guerre, comme l'a reconnu Winston Churchill en personne.

7

Heinz Guderian et Erwin Rommel : deux principaux artisans de la défaite française de 1940

On ne peut réduire uniquement les causes de la défaite de 1940 aux défaillances politiques et militaires des Alliés. Le commandement allemand et son armée ont joué un rôle déterminant, notamment à travers deux généraux, Guderian et Rommel, qui ont su mettre en application sur le terrain la guerre éclair, marquée par une percée en profondeur, sans tenir compte des poches de résistance, afin de ne pas laisser le temps à l'adversaire de se rétablir.

Dans sa directive n° 6 du 6 octobre 1939, Hitler envisage à partir du 12 novembre une offensive contre la Hollande, la Belgique et la France, de manière à entreprendre ensuite une guerre navale et aérienne contre la Grande-Bretagne, tout en constituant une « ceinture de sécurité » autour du bassin de la Ruhr, cœur de l'industrie militaire allemande. L'opération est confiée au groupe d'armées du Nord du général von Bock.

Ce plan d'invasion de la France, baptisé « *Fall Gelb* » ou « plan jaune », est conçu par le commandement allemand en s'inspirant directement du plan von Schlieffen de 1914. Or certains généraux allemands estiment qu'il n'est plus d'actualité, du fait qu'il ne tient pas compte de l'évolution tactique de la guerre éclair, fondée sur le mouvement rapide et l'emploi massif des divisions blindées, soutenues par l'aviation d'assaut. Le général von Manstein, chef d'état-major du groupe d'armées du Sud du général von Rundstedt, propose un autre plan, marqué par l'attaque des divisions blindées dans le secteur des Ardennes où, en raison des difficultés du terrain, l'ennemi ne s'attend pas à une telle offensive, puis la rupture du front de Sedan et la percée en direction de la Somme pour atteindre la mer. Les meilleures armées alliées du Nord seront ainsi encerclées.

Von Manstein se heurte à une violente opposition de certains généraux de la Wehrmacht et se voit retirer son poste de chef d'état-major du général von Rundstedt pour être nommé commandant du 38e corps d'armée récemment formé. Le 17 février 1940, à l'occasion de la visite protocolaire qu'il rend à Hitler avant de prendre son nouveau commandement, le général von Manstein expose son plan au chef du IIIe Reich.

Le 6 mars 1940, à Berlin, lors d'une grande conférence militaire, les différents plans d'offensive sont examinés. Celui de von Manstein, baptisé « *Fall Sichelschnitt* » ou « plan faucille », est soutenu par les généraux von Rundstedt et Guderian, malgré les objections d'une partie du commandement. Hitler assiste au débat sans prendre parti en apparence. Peu de temps après, il décide d'adopter le plan Manstein, reposant sur le déroulement suivant : deux jours avant l'attaque des Ardennes et de la Meuse, la Wehrmacht doit envahir la Hollande et la Belgique, de manière à attirer vers le nord les meilleures divisions franco-britanniques. Si le général Gamelin tombe dans le piège, une grande partie des forces franco-britanniques sera encerclée et anéantie, grâce à la percée des Panzerdivision des Ardennes jusqu'à la mer. Une fois assuré le contrôle des côtes de la Manche, l'armée allemande doit ensuite diriger son attaque contre Paris et envahir la France.

Deux généraux allemands vont particulièrement briller dans l'application du plan Manstein, accentuant la rapidité de la percée en profondeur, en refusant des pauses trop longues de la troupe, afin d'empêcher l'ennemi de se rétablir sur de nouvelles positions : ces deux hommes sont Heinz Guderian et Erwin Rommel. Le premier commande tout un corps blindé, le second une Panzerdivision.

Le haut-commandement allemand, rajeuni par deux épurations successives (en 1919, puis sous Hitler), est constitué d'officiers aux idées novatrices, ayant tiré les leçons de la défaite de 1918. Les deux cerveaux de la Wehrmacht, Manstein et Guderian, sont persuadés de l'efficacité offensive des Panzerdivision, appuyées par l'aviation d'assaut.

Le général Erwin Rommel représente l'archétype de l'officier allemand de l'époque, dont la fidélité au régime nazi lui vaut de rapides promotions au sein de la Wehrmacht. Il voit le jour le 15 novembre 1891 à Heidenheim, petite ville de la région du Wurtemberg, proche d'Ulm, en Allemagne. Issu d'une famille de la bourgeoisie, il intègre en juillet 1910 le 124e régiment d'infanterie (RI), basé à Weingarten, comme élève officier. Sa forte endurance physique étonne les instructeurs. En mars 1911, il entre à l'école militaire de Dantzig. En mars 1914, le sous-lieutenant Rommel se trouve détaché auprès d'un régiment d'artillerie de campagne à Ulm. Le 31 juillet, il rejoint le 124e RI et participe aux premiers combats contre l'armée française sur le front ouest, près de Longwy. Blessé le 24 septembre, Rommel rejoint son bataillon sur le front de l'Argonne en janvier 1915. Le 29, il reçoit la Croix de fer de 1re classe, après avoir pris d'assaut, à la tête de ses hommes, quatre fortins.

Promu au grade de lieutenant, Rommel intègre, début octobre 1915, une unité d'élite : le bataillon de montagne du Wurtemberg, qui se trouve en formation à Münsingen, en Allemagne. En janvier 1916, le bataillon de Rommel rejoint le front des Vosges, où se livrent de violents combats à près de 1 000 mètres d'altitude, dans le secteur très disputé du Viel-Armand. Les soldats des deux camps déploient des efforts surhumains pour tenir et ravitailler des positions escarpées, balayées par le vent et la mitraille.

D'octobre 1916 à août 1917, Rommel et son bataillon d'élite luttent sur le front roumain, en zone montagneuse, sur des sommets pouvant dépasser par endroits 1 500 mètres d'altitude. Ils enfoncent à plusieurs reprises les positions adverses, enlèvent plusieurs sommets jugés imprenables, font de nombreux prisonniers.

En octobre 1917, le bataillon de Rommel se trouve sur le front italien de l'Isonzo, dans le secteur alpin de Caporetto-Tolmino. Rommel et ses soldats doivent attaquer au centre du dispositif, en direction du mont Matajur, à plus de 1 700 mètres d'altitude. Prenant à revers un bataillon ennemi, Rommel fait 600 prisonniers et force ensuite une partie de la 4e brigade de *bersaglieri* (tirailleurs) à capituler. En quarante-huit heures, Rommel et les 6 compagnies d'assaut placées sous son commandement parcourent 20 kilomètres à vol d'oiseau, dans la montagne, montent à 2 000 mètres d'altitude, capturent 150 officiers, 9 000 soldats italiens et 81 canons. Leurs propres pertes se limitent à 6 tués et à 30 blessés. Il est vrai que l'armée italienne, décimée par les deux dernières offensives de l'Isonzo de l'été 1917 avec 323 000 soldats tués ou blessés, se trouve dans une situation précaire. Elle parvient cependant à se rétablir sur le Piave en novembre-décembre 1917, et à repousser tous les assauts allemands et austro-hongrois. En juin 1918, elle tient en échec une nouvelle offensive austro-hongroise et remporte en octobre 1918 l'éclatante victoire de Vittorio Veneto, en capturant 423 000 soldats ennemis.

En janvier 1918, Rommel, promu au grade de capitaine, est affecté à l'état-major de l'armée allemande sur le front français. Il assiste, impuissant, à la défaite des Empires centraux en novembre 1918, puis intègre une unité d'infanterie de la république de Weimar en 1921, à Stuttgart. En septembre 1927, il fonde une association d'anciens combattants du bataillon de montagne du Wurtemberg, dont les sentiments nazis ou nationalistes sont évidents. En octobre 1929, il est nommé instructeur à l'école d'infanterie de Dresde.

Le 30 janvier 1933, Adolf Hitler est nommé au poste de chancelier par le président Paul von Hindenburg. Rommel estime dans une lettre que l'arrivée au pouvoir d'Hitler est une chance pour le pays.

Le 10 octobre 1933, outre sa fraîche promotion au grade de commandant, Rommel reçoit le commandement du 3e bataillon du 17e régiment d'infanterie alpine à Goslar. Le 30 juillet 1935, la première prise de contact de Rommel avec Hitler se déroule pour le mieux, lors d'un défilé militaire à Goslar. Hitler félicite Rommel pour l'excellente tenue de son bataillon et lui annonce qu'il n'oubliera pas sa marque de fidélité au régime. La promotion ne se fait pas attendre : le 15 octobre 1935, Rommel est élevé au grade de lieutenant-colonel, puis nommé instructeur à l'académie de guerre de Potsdam.

Lors du printemps 1937, alors que le régime hitlérien multiplie ouvertement la répression contre les Juifs et les opposants de tous bords, Rommel prend en charge l'entraînement des Jeunesses hitlériennes, tout en poursuivant sa fonction d'instructeur à l'académie de guerre de Potsdam. En octobre 1938, promu au grade de colonel, Rommel prend le commandement du bataillon de la garde personnelle du Führer, qui participe au démembrement de la Tchécoslovaquie. Le mois suivant, Rommel est nommé à la direction de l'académie de guerre de

Wiener Neustadt, au sud-ouest de Vienne. À la mi-mars 1938, il est de nouveau chargé de la protection d'Hitler, qui doit faire son entrée dans Prague.

Hitler n'oublie pas son cher Rommel, en le faisant nommer général le 23 août 1939. De nouveau affecté au quartier général du Führer, Rommel reprend son poste de commandant du bataillon chargé de la sécurité du dictateur. En septembre 1939, du QG d'Hitler, il a une vue d'ensemble de la guerre éclair, qui submerge la Pologne en trois semaines, avant même que le gros des armées polonaises n'ait le temps de rejoindre ses bases. En février 1940, le général Rommel prend le commandement de la 7e Panzerdivision à Bad Godesberg. Poussant à fond l'entraînement et l'instruction, il en fait une unité d'élite, avec ses 218 chars et ses 56 automitrailleuses.

Le 9 mai 1940, Rommel et sa 7e Panzerdivision prennent le chemin des Ardennes belges, afin de traverser la Meuse dans le secteur de Dinant. Sa division est alors rattachée au 15e Panzerkorps (corps blindé) du général Hoth. Le 10, les avant-gardes de la 7e Panzerdivision se heurtent aux éléments avancés de la 1re division légère de cavalerie (DLC), qui ne peut opposer qu'une douzaine de chars légers aux 218 panzers de Rommel. Après avoir rapidement refoulé la 1re DLC, Rommel atteint la Meuse dans l'après-midi du 12 mai. Il se heurte durant deux jours à la résistance acharnée de la 18e division française d'infanterie (DI), mais parvient à établir une solide tête de pont. Lors d'une contre-attaque française, il est légèrement blessé et manque d'être capturé, sauvé *in extremis* par l'arrivée de plusieurs de ses panzers. La 18e DI enfoncée, la 7e Panzerdivision se heurte le 15 mai, à Flavion, à la 1re division cuirassée française (DCR). Sachant ses principaux panzers impuissants face aux puissants chars lourds B1 bis français, monstres de 32 tonnes, il fixe l'adversaire avec son artillerie et contourne la division ennemie, afin de poursuivre sa progression vers l'ouest, tout en laissant la 5e Panzerdivision, combattant à ses côtés, affronter la 1re DCR. Il bouscule plusieurs unités françaises, repousse plusieurs attaques de chars français, atteint la Sambre le 17 mai, dont la tête de pont de Pommereuil, perdue puis reprise. Il vient d'accomplir une percée longue d'une centaine de kilomètres et large de trois à peine, courant le risque d'être attaqué sur ses flancs par les Français. Il dispose vite son artillerie afin de parer les contre-attaques adverses et poursuit sa foudroyante progression avec ses blindés, sans tenir compte des poches de résistance, conquises par la suite par son infanterie.

Le 20 mai 1940, dépassant Cambrai, la 7e Panzerdivision traverse le canal du Nord, à Marcoing, et prend position au sud d'Arras. Le 21 mai, une contre-attaque franco-britannique, avec une centaine de chars, bouscule sévèrement la 7e Panzerdivision dans la région d'Arras. Rommel doit utiliser ses puissants canons antiaériens de 88 mm, transformés en pièces antichars, pour repousser l'adversaire. Les jours suivants, la 1re division légère mécanisée française, avec ses redoutables chars Somua S35, met Rommel en difficulté au mont Saint-Éloi. De nouveau, il utilise ses canons de 88 mm comme antichars pour contenir l'assaillant, tout en sollicitant l'appui de l'aviation.

Il applique avec une grande habileté le combat interarmes (chars, infanterie motorisée, artillerie, aviation), grâce à un système de transmission performant. Le 28 mai, Rommel et sa division participent à l'encerclement de Lille, où plusieurs unités françaises fixent d'importantes troupes allemandes, favorisant ainsi le succès du rembarquement des forces alliées à Dunkerque.

Le 5 juin 1940, Rommel et sa division passent à l'offensive sur la Somme. La 7e Panzerdivision se heurte à la résistance acharnée de la 5e division française d'infanterie coloniale et, le 6 juin, doit repousser une contre-attaque de chars français du groupement blindé de Langle de Cary. Une fois de plus, les tanks adverses sont contenus par les canons de 88 mm, efficaces jusqu'à 2 000 mètres. La Seine est atteinte par Rommel le 8 juin. La poche de résistance de Saint-Valery-en-Caux est réduite le 12 juin, avec la capture de 26 000 soldats britanniques et français. La poche de Cherbourg tombe le 19 juin, après trois journées de violents combats et la capture de 30 000 soldats alliés. Au début de juillet 1940, Rommel peut parader à la tête de sa division à Bordeaux.

En quarante-cinq jours de combat, après avoir appliqué sur le terrain la guerre éclair, la 7e Panzerdivision déplore 2 624 soldats hors de combat (tués, blessés, disparus) et 102 chars détruits ou endommagés. Elle peut cependant revendiquer la capture de 97 648 soldats alliés, de 277 canons de campagne, de 64 canons antichars et de 458 blindés. Une indéniable victoire pour Rommel et sa division. De Dinant à Bordeaux, la 7e Panzerdivision vient d'accomplir un raid de 1 200 kilomètres.

Le général Heinz Guderian, autre figure marquante de la victoire allemande de 1940, est né à Kulm, en Prusse-Orientale, le 17 juin 1888. Issu d'une famille d'officiers prussiens, il intègre dès 1901 l'école militaire des cadets de Karlsruhe. Deux ans plus tard, il rejoint l'école militaire de Gross-Lichterfelde, près de Berlin, avant d'être nommé aspirant au 10e bataillon de chasseurs d'Hanovre, en garnison à Bitche. Il entre ensuite à l'école de guerre de Metz, d'où il sort en 1908 avec le grade de sous-lieutenant. En 1912, il suit à Coblence une formation d'un an sur la communication, un sujet qui l'intéresse manifestement. Il ne s'illustre pas particulièrement durant la Première Guerre mondiale, où il sert d'abord comme officier de signalisation à l'état-major, pendant la bataille de Verdun, puis assure la coordination entre les forces terrestres et aériennes.

Après l'armistice de 1918, Guderian participe aux luttes intestines contre les groupes communistes, puis entre au ministère de la Reichswehr (défense de l'empire). C'est là qu'il étudie, pendant treize années, le rôle et l'importance des unités motorisées dans les diverses conceptions tactiques et stratégiques militaires. Il se spécialise dans le transport militaire mécanisé et aide au développement des premiers chars allemands, malgré l'interdiction du traité de Versailles d'élaborer la moindre force blindée. Il récupère chaque livre concernant la guerre motorisée et traduit les travaux de plusieurs officiers britanniques dans ce domaine. Guderian lit aussi les livres d'un certain officier français, Charles de Gaulle.

Guderian définit précisément le concept de l'emploi stratégique de l'arme blindée. En 1929, il se rend en Suède pour assister aux manœuvres d'un bataillon de chars de ce pays. Cette même année, il préconise la création d'une arme blindée indépendante, utilisant les chars en masse. En 1930, il prend le commandement du 3e bataillon prussien de véhicules automobiles, équipé de quelques voitures blindées, de chars factices et d'armes antichars. Un secteur dans lequel l'influence de Guderian va s'avérer considérable est la communication : la clé pour commander et contrôler. Il estime que chaque blindé allemand doit être équipé d'un poste radio, afin d'améliorer la flexibilité tactique. Après avoir été promu lieutenant-colonel, il devient inspecteur des troupes motorisées en 1931. Deux ans plus tard, il trouve en la personne d'Adolf Hitler un fervent défenseur de ses conceptions concernant l'utilisation des chars. En 1935, il est promu commandant de la toute nouvelle 2e Panzerdivision, qu'il organise et entraîne selon ses propres théories.

En 1937, Guderian publie l'ouvrage *Achtung Panzer !*, dans lequel il préconise l'utilisation simultanée des chars, de l'infanterie motorisée, de l'artillerie et de l'aviation. Guderian conçoit la division blindée allemande comme un corps indépendant des divisions d'infanterie, un organisme autonome doté d'une excellente mobilité, capable de percer les défenses de l'ennemi, de démanteler ses forces et de semer la confusion à l'arrière, de manière que les unités d'infanterie, plus lentes, prennent ensuite possession du terrain.

En 1938, Guderian prend le commandement du corps d'armée motorisé, chargé d'occuper l'Autriche. Il remédie rapidement aux failles constatées dans l'utilisation des chars, notamment au niveau de la logistique et de la maintenance. Il participe ensuite à l'occupation des Sudètes. En novembre, on le nomme inspecteur général des troupes motorisées et blindées de toute la Wehrmacht. En septembre 1939, il prend la tête du 19e corps blindé (Panzerkorps), qui fait honneur à ses théories en perçant en profondeur la défense polonaise, suivant les principes de la Blitzkrieg (guerre éclair).

Durant la campagne de France de mai-juin 1940, Guderian commande de nouveau le 19e corps blindé, notamment composé des 1re, 2e et 10e Panzerdivision. Engagé sur le front des Ardennes, Guderian n'hésite pas à désobéir aux ordres de ses supérieurs, en mettant à rude épreuve ses Panzerdivision, afin que ses chars poursuivent coûte que coûte leur avancée. C'est ainsi qu'il parvient à enfoncer les lignes ennemies et à obtenir une véritable rupture, comme en ont rêvé tous les états-majors pendant la guerre précédente.

Après avoir enfoncé l'arrière-garde française, Guderian coupe les communications ennemies, capture des états-majors qui ne s'attendaient pas à une percée aussi profonde et rapide, et empêche ainsi toute tentative de colmater les brèches. À Stonne, avec plusieurs unités d'infanterie, il fixe plusieurs divisions françaises dans une difficile guerre de position, afin d'assurer ses arrières, tout en poussant ses chars vers l'ouest. Il se heurte aux contre-attaques des 4e et 2e divisions cuirassées françaises, qu'il refoule avec son artillerie et l'appui de l'aviation. Le 18 mai, il occupe Saint-Quentin et le 20 atteint la Manche à Noyelles-sur-Mer. Fin mai, avec ses 3 Panzerdivision, Guderian participe aux réductions des poches françaises de résistance de Calais, Boulogne et Lille. Il s'insurge contre ce plan de dispersion de ses Panzerdivision, estimant qu'il vaudrait mieux les utiliser massivement et groupées contre la poche de Dunkerque, afin d'empêcher le rembarquement des principales forces alliées. Il estime qu'Hitler vient de commettre une faute capitale qui va influencer considérablement la suite du conflit. En effet, à Dunkerque, le gros de l'armée britannique parvient à rejoindre la Grande-Bretagne, permettant ainsi à Churchill de poursuivre la guerre, condamnant par la suite l'Allemagne à lutter sur deux fronts principaux, contre les Alliés à l'ouest et l'armée soviétique à l'est.

Le 9 juin 1940, le 19e Panzerkorps de Guderian attaque sur le front de l'Aisne. Il se heurte à une résistance acharnée de plusieurs unités françaises, dont la 14e division d'infanterie du général de Lattre de Tassigny. Les 10 et 11 juin, il doit affronter une puissante contre-attaque du groupement blindé français Buisson, mais parvient finalement à repousser l'adversaire, grâce à une supériorité numérique écrasante. Il participe ensuite à l'invasion de la France et à l'encerclement des troupes françaises de l'Est, positionnées sur la ligne Maginot, où il doit livrer encore de durs combats. Tout comme Rommel, il applique à la lettre la guerre éclair des panzers, grâce à un combat interarmes perfectionné par la mise en excellence des transmissions et de la logistique, sans oublier l'appui de l'aviation d'assaut[1].

1. *Archives militaires allemandes, Fribourg-en-Brisgau.*

8

Une résistance militaire française pourtant acharnée

DURANT DES DÉCENNIES, l'historiographie anglo-américaine, souvent francophobe, a prétendu que la cause principale de la défaite de 1940 venait du manque de combativité des soldats français, ayant pris la fuite dès les premiers combats. Les archives militaires allemandes et françaises ainsi que les témoignages des officiers et des soldats des deux camps démontrent le contraire. Ainsi, contrairement à une légende tenace, le soldat français de 1940 n'a pas démérité, en luttant souvent avec bravoure contre une armée allemande plus mobile et mieux commandée. À ce sujet, le général Erwin Rommel témoigne ainsi :

> Sur les flancs de la Meuse, dans les fortifications de campagne et dans les maisons fortifiées, les soldats français ont combattu avec une extraordinaire habileté et opiniâtrement, et ils ont causé des pertes élevées à nos troupes. Les attaques de chars français et d'infanterie sur la rive ouest de la

> Meuse n'ont été repoussées qu'avec peine. Au sud de la Somme, les troupes françaises ont combattu avec un acharnement extraordinaire. Les unités antichars et les équipages de chars français se sont partout battus avec courage et ont causé de lourdes pertes à nos troupes[1].

Le général Heinz Guderian, commandant du 19e Panzerkorps en mai-juin 1940, remarque :

> En dépit d'énormes erreurs tactiques et stratégiques venant du haut-commandement allié, les soldats français de 1940, notamment dans les Ardennes, dans les Flandres, sur la Somme et l'Aisne, ont opposé une résistance extrêmement coriace, avec un esprit de sacrifice extraordinaire, parfois digne des poilus de Verdun en 1916[2].

Le colonel Wagner, commandant du 79e régiment allemand d'infanterie, écrit dans son carnet de guerre, après la bataille de Stonne en mai 1940 :

> La défense acharnée de l'armée française est à signaler. Cette défense était offensive, et s'accompagnait de furibondes contre-attaques avec des chars. Les positions étaient bien camouflées, établies en

1. *Archives militaires allemandes, Fribourg-en-Brisgau.*
2. Ibid.

> profondeur et très difficiles à reconnaître. La troupe française avait l'expérience des combats en forêt. L'artillerie française se signala par son feu rapide et bien réglé. Grâce à d'excellents observateurs, l'artillerie française prenait sous son feu tous nos mouvements de troupes[1].

Le général allemand Schubert, commandant du 23e corps d'armée, rend ainsi hommage à la 14e division française d'infanterie, son principal adversaire sur le front de l'Aisne en juin 1940 :

> Les unités de la 14e DI laissèrent l'infanterie allemande s'approcher au maximum pour obtenir une efficacité certaine. En beaucoup de points, des tireurs postés dans les arbres continuèrent à tirer jusqu'à leur dernière cartouche, sans égard à l'avance des forces allemandes. La 14e DI s'est battue les 9 et 10 juin 1940 d'une manière identique aux meilleures unités françaises de 14-18 devant Verdun[2].

Le maréchal Keitel, quant à lui, tient à souligner : « Le commandement allemand a reconnu le courage et l'héroïsme dont les troupes françaises

---

1. Ibid.

2. Ibid.

ont fait preuve dans une suite ininterrompue de batailles sanglantes en mai-juin 1940[1]. »

Il convient de présenter certains de ces combats souvent méconnus, où l'armée française a résisté avec courage, forçant souvent l'admiration de l'adversaire.

*

* *

En Belgique, à Hannut, du 12 au 13 mai 1940, l'armée française remporte la première bataille de chars de la Seconde Guerre mondiale, lors de l'affrontement du corps mécanisé (2e et 3e divisions légères mécanisées) du général Prioux contre le 16e Panzerkorps (3e et 4e Panzerdivision) du général Hoepner : 411 chars français contre 674 panzers. Les redoutables chars français Somua S35 déciment les panzers, qui doivent reculer et demander le soutien de l'artillerie et surtout de l'aviation d'assaut. Le lendemain, le 13 mai, un détachement de Somua, prenant de flanc la masse blindée de la 4e Panzerdivision, fait une hécatombe de chars allemands : une cinquantaine de panzers sont détruits en quelques minutes ! Le véhicule de commandement du colonel allemand Eberbach est en feu. Une section de Somua change de position et passe au travers des lignes allemandes avant de se heurter à un groupe de panzers en cours de ravitaillement. Le combat qui s'ensuit ne cause aucune perte du côté français, mais coûte 4 panzers et une vingtaine

1. Ibid.

de camions aux Allemands. Les Somua poursuivent leur route jusqu'à Thisnes, où ils surprennent et neutralisent une batterie allemande d'artillerie.

La tactique allemande d'infiltration et de débordement se heurte à une farouche résistance des unités françaises formées le plus souvent en hérisson. Aux attaques allemandes, les Français répondent par d'habiles contre-attaques. La Luftwaffe, qui intervient à plusieurs reprises, soumet les DLM françaises à des bombardements intensifs. 14 Somua, gardés en réserve à Jandrenouille, mènent une contre-attaque afin de freiner la progression allemande. Un combat frontal les oppose, en rase campagne, à 2 régiments de panzers. Les Somua prennent l'avantage en détruisant une cinquantaine de chars ennemis. Aucun Somua n'est détruit malgré la supériorité numérique de l'adversaire et l'intervention des stukas. Dans le village de Marilles, une dizaine de Somua affrontent une quarantaine de panzers. Une vingtaine de chars allemands sont mis hors de combat, pour la perte limitée de 2 Somua.

Durant deux jours, les tankistes français parviennent à contenir les assauts enragés des 2 Panzerdivision. Succès tactique incontestable pour le général Prioux : 194 chars allemands sont hors de combat contre 105 chars français.

L'historien militaire allemand Karl-Heinz Frieser reconnaît implicitement la victoire française :

> D'un point de vue tactique, le succès a été total pour le général Prioux. Sa seule mission avait été de fournir une résistance

d'une durée limitée et de laisser du temps à la 1re armée française, afin qu'elle s'installe dans la position de Gembloux. Les chars français avaient pu infliger des pertes sévères à ceux de l'ennemi. Les Allemands durent accepter des dégâts énormes non seulement à Hannut, mais aussi à Gembloux. Ce fut une bien mauvaise surprise pour les équipages des chars allemands de Panzer III de s'apercevoir que les obus de leurs canons de 37 mm ricochaient, complètement inefficaces, sur les cuirasses des Somua. Les Français avaient un autre avantage : engagés dans des combats de retardement, ils pouvaient en permanence livrer bataille depuis des abris, qu'ils soient en villages ou en pleine campagne. Pour les équipages des chars allemands légers, la situation s'avérait déplorable ; en témoigne l'action désespérée du commandant d'un char Panzer I (armé uniquement de deux mitrailleuses) à Jauche. « Armé » d'un marteau, il bondit sur le char Hotchkiss du lieutenant Le Bel, voulant apparemment en fracasser l'optique, mais il tomba du char en marche et fut écrasé par celui-ci[1].

Les 14 et 15 mai 1940, à Gembloux, toujours en Belgique, le 16e Panzerkorps se heurte à la résistance acharnée de la 15e division française

1. *Karl-Heinz Frieser,* Le Mythe de la guerre éclair, op. cit.

d'infanterie motorisée et de la 1re division marocaine. De nouveau, les panzers et leur infanterie sont tenus en échec. En quelques minutes, 6 batteries du 1er régiment français d'artillerie tirent 432 obus sur le bois des Buis, un des postes de commandement allemand. Le général Stever, chef de la 4e Panzerdivision, est blessé par un éclat d'obus alors qu'il arrivait au PC pour prendre des ordres. Au moment même où il est évacué vers l'arrière, le général Breith, commandant d'une des unités blindées allemandes, est blessé lorsque son char de commandement est atteint de plein fouet par un obus de 47 mm. Les tirs d'arrêt du 64e régiment d'artillerie obtiennent le même effet dans le secteur de la 1re division marocaine : les unités blindées allemandes sont obligées de rompre le combat pour se mettre à l'abri de ce déluge de feu d'une précision fulgurante.

Durant ces deux jours, la Luftwaffe tente, sans y parvenir, de neutraliser l'artillerie française. Les généraux français Mellier et Juin n'hésitent pas à se porter à la pointe des combats pour soutenir le moral des troupes. Les tirailleurs marocains font preuve d'un courage extraordinaire.

Lorsque le calme revient sur le champ de bataille, les deux adversaires peuvent compter leurs pertes. Elles sont terribles de part et d'autre. En deux jours, 62 chars et 250 autres véhicules allemands ont été mis hors de combat, ainsi que 2 432 soldats allemands (tués, blessés et disparus). Le 1er bataillon allemand du 12e régiment de chasseurs, fort au début de 900 hommes, est réduit à 35 survivants ! Quant aux avions allemands, 10 ont été abattus par les armes automatiques françaises. Les pertes militaires françaises se montent à 2 250 soldats hors de combat (tués, blessés et disparus). Chaque bataillon des régiments de tirailleurs marocains (RTM) aligne en moyenne 700 hommes : à la fin de cette bataille, le 1er bataillon du 2e RTM ne compte plus que 74 soldats valides, 80 au 2e bataillon du 2e RTM et 150 au 2e bataillon du 7e RTM ! L'artillerie française a été d'une grande efficacité en détruisant une grande partie des véhicules et blindés ennemis.

En quatre jours de combat, à Hannut et à Gembloux du 12 au 15 mai, le 16e Panzerkorps, fort au début de 674 chars, déplore la perte de 256 panzers. En outre, 500 autres véhicules de ce Panzerkorps ont été détruits. Le général Hoepner estime que ses unités, décimées, ne sont pas en mesure de reprendre le combat le lendemain. Le 15 mai au soir, la 4e Panzerdivision, forte à l'origine de 323 chars, ne compte plus que 137 chars opérationnels !

« La bataille de Gembloux, écrit l'historien militaire Yves Buffetaut, est donc un incontestable succès français. L'assaut de 2 divisions blindées a été arrêté sur une ligne de défense à peine ébauchée, par des unités d'infanterie seules, soutenues seulement en fin de journée par 2 bataillons de chars. Nulle part la ligne d'arrêt n'a été franchie par les Allemands, dont les pertes ont été terribles[1]. »

---

1. *Yves Buffetaut, « Blitzkireg à l'Ouest, Belgique et Nord, 1940 »,* Militaria, *n° 8, collection « Hors-série », Histoire & Collections, 1993.*

*

* *

Sur la Meuse, le secteur de Monthermé est défendu par la 102e division française d'infanterie de forteresse (DIF) du général Portzert, qui doit tenir un front énorme de 35 à 40 kilomètres, alors que ce type d'unité est prévu pour défendre une position de 5 à 6 kilomètres. La défense contre les blindés est assurée par seulement 6 canons antichars de 25 mm. C'est peu face à la 6e Panzerdivision forte de 218 chars. Pourtant, durant deux jours (13-14 mai 1940), la vaillante 102e DIF tient en échec l'adversaire. Le général allemand de corps d'armée Reinhardt rend ainsi hommage à ses adversaires : « À Monthermé, les Français m'ont opposé une résistance digne des "poilus" de Verdun en 1916. Ils ont défendu leurs positions, allant même jusqu'à contre-attaquer malgré notre écrasante supériorité numérique et matérielle. Durant toute ma carrière de soldat, j'ai rarement rencontré des combattants aussi courageux[1]. »

À Donchery, près de Sedan, la 2e Panzerdivision ne peut franchir la Meuse comme prévu le 13 mai. Le feu de nombreuses mitrailleuses de la 55e DI se concentre à cet endroit. Tous les assauts allemands sont repoussés. Bien que les Français soient pris sous les tirs des chars et des batteries antiaériennes de 88 mm, toutes les tentatives allemandes pour traverser la Meuse échouent. La traversée ne peut finalement s'effectuer qu'après le succès de la

1. *Archives militaires allemandes, Fribourg-en-Brisgau.*

1re Panzerdivision à Glaire, devant Sedan, menaçant les valeureux défenseurs français de Donchery sur leurs arrières. La 10e Panzerdivision établit une tête de pont à Wadelincourt, mais échoue entre Bazeilles et Pont-Maugis. En effet, les blocs français, construits dans la berge même de la Meuse, ne sont pas détruits, et les canons de la région de Rémilly prennent de flanc les zones allemandes de franchissement. Toutefois, la progression de la 1re Panzerdivision débloque rapidement la situation devant les deux autres Panzerdivision. À la hauteur de Gaulier, les fantassins allemands échouent à deux reprises devant un bloc fortifié français qui, sous son feu, contrôle le point de passage. Cependant, un canon de 88 mm amené sur place neutralise la résistance par des tirs d'embrasure.

« C'est à Gaulier, écrit Bernard Horen, entre Glaire et Torcy, sur 2 kilomètres à peine de front, que tout va se jouer avec la 1re Panzerdivision[1]. » C'est là que Guderian a décidé de frapper fort. Les effectifs allemands sur la rive nord reposent sur 4 bataillons d'infanterie, représentant un total de 2 400 hommes. Les soldats français, défendant ce secteur important, se limitent à 300 hommes. « Le terrain est entièrement favorable aux attaquants, poursuit Bernard Horen. L'usine de l'Espérance à Gaulier et les hauteurs de la rive nord qui surplombent la vallée facilitent les tirs des chars et des

1. *Bernard Horen,* Une bataille oubliée de la Seconde Guerre mondiale. Bataille de Stonne – Le Mont-Dieu – Tannay, 14-25 mai 1940, *éditions Association Ardennes 1940 à ceux qui ont résisté, Stonne, 2007.*

pièces d'artillerie, destinés à neutraliser par des tirs à vue directe les rares ouvrages de la rive sud et appuyer la première phase de l'attaque[1]. » Pour conquérir la position française, défendue seulement par 300 hommes, les 2 400 soldats allemands mettent près de trois heures. Les valeureux soldats français résistent avec l'énergie du désespoir.

Le 14 mai 1940, pour enrayer la progression des troupes allemandes, le 7e bataillon de chars de combat (BCC) reçoit l'ordre de contre-attaquer, entre Connage et Bulson, au sud de Sedan. Avec seulement 39 chars légers FCM 36, équipés de l'inefficace canon de 37 mm modèle 1918, le 7e BCC court droit au massacre face à la 1re Panzerdivision, en mesure d'aligner 250 chars, dont une centaine sont armés de canons modernes, sans oublier une puissante artillerie de campagne et antichar. Progressant en grande partie à découvert, le 7e BCC, ne bénéficiant d'aucun soutien de l'artillerie et de l'aviation françaises, lutte avec une fougue extraordinaire. Des 39 chars engagés, 29 sont détruits par les panzers et l'artillerie allemande ! Le lieutenant Leclerc brûle dans son tank avec son conducteur. Le lieutenant Lacroix est tué. Le 213e régiment d'infanterie, chargé de soutenir le 7e BCC, fait également courageusement son devoir, en laissant sur le terrain 38 officiers, 94 sous-officiers et 825 hommes de troupe, tous tués ou blessés au combat.

> Les obus français, écrit le lieutenant-colonel Michel Pesqueur, fixaient les

1. Ibid.

> chars ennemis sans les détruire ni même les endommager. En revanche, les tirs allemands furent efficaces et meurtriers ; plusieurs chars furent touchés, dont celui du commandant d'unité, qui eut le toit de tourelle arraché et la plage avant presque perforée par l'obus qui s'y figea. Fixant l'ennemi sans pouvoir ni progresser ni manœuvrer, le bataillon reçut l'ordre de décrocher [...]. Les équipages se préparaient donc à de nouveaux combats auxquels beaucoup pressentaient une issue fatale. Mais l'ennemi, certainement refroidi par la conduite héroïque des équipages du 7e BCC, n'osa pas reprendre l'offensive dans l'immédiat pour exploiter ses premiers succès[1].

Le sacrifice des tankistes français du 7e BCC n'a pas été inutile. La Wehrmacht n'a pu déboucher des bois de Mont-Dieu, permettant ainsi à la 3e division cuirassée française et à la 3e division d'infanterie motorisée de prendre position sur le front de Stonne.

Le capitaine von Kielmansegg, chef du 3e bureau de la 1re Panzerdivision, relate les affrontements de cette journée en des termes élogieux pour les tankistes français du 7e BCC :

> La pointe de nos chars de combat se heurte, à Bulson, à des blindés français qui

---

1. *Lieutenant-colonel Michel Pesqueur,* Batailles & Blindés, *n° 20, juillet-août 2007, éditions Caraktère.*

> attaquent. C'est le premier vrai combat, chars contre chars, sur le front sud de Sedan. Quelle en sera l'issue ? Après plusieurs heures de lutte opiniâtre, les Français évacuent le terrain en ayant perdu 29 chars. À la suite de cette lutte furieuse, nos troupes ne peuvent atteindre l'ensemble des hauteurs de Stonne. La possession de cette dernière position est très importante ; elle doit garantir la sécurité du flanc du mouvement que nous projetons vers l'ouest. Il n'est pas possible, même avec des éléments blindés, de pénétrer dans le bois de Mont-Dieu, au nord de Stonne. L'action des chars français a fortement contrarié nos plans[1].

À La Horgne, à 20 kilomètres au sud-ouest de Sedan, la 3e brigade de spahis affronte héroïquement l'avant-garde de la 1re Panzerdivision, durant toute la journée du 15 mai 1940 : 286 spahis et 134 soldats allemands sont mis hors de combat (tués, blessés, disparus), sans oublier une dizaine de blindés allemands détruits[2].

Ce même 15 mai 1940, dans le secteur de Poix-Terron, sur le front de la Meuse, le 33e bataillon de chars de combat (BCC) reçoit la délicate mission de s'opposer à l'avance de la 2e Panzerdivision, qui

1. *Archives militaires allemandes, Fribourg-en-Brisgau.*

2. *On lira à ce sujet l'excellent ouvrage du colonel Thierry Moné,* Les Spahis de La Horgne, 1940, *éditions La Gandoura-CRCL, 2010.*

vient d'enfoncer les positions françaises à l'ouest de Sedan. Fort de 63 vétustes chars Renault FT17, datant de la guerre précédente et armés d'un petit canon suranné de 37 mm, le 33e BCC est condamné à une mission de sacrifice face à la 2e Panzerdivision, en mesure d'aligner environ 260 chars modernes.

Le blindage des Renault FT17, limité à 22 mm, n'offre aucune protection efficace contre les obus allemands. L'affrontement tourne au massacre pour les tanks français. Pierre Cazenave, l'un des rares survivants du 33e BCC, se souvient :

> On nous a retiré nos modernes Renault R40, devant servir à l'instruction, pour nous équiper de vieux Renault FT17, lents, mal armés et peu blindés. Notre bataillon a été engagé dans une véritable mission suicide contre la 2e Panzerdivision. Les tankistes allemands nous tiraient dessus comme à l'exercice, leurs obus perforaient les tourelles de nos chars de part en part. Notre vitesse, limitée à 8 km/h, faisait de nous des cibles idéales. Sur 63 tanks engagés, nous en avons perdu 55 ! Nos pertes humaines furent terribles. Des 132 hommes d'équipage au début, nous n'étions plus que 22 survivants après les combats de cette terrible journée ! Les chars « miraculés » de cette hécatombe furent partiellement enterrés, la tourelle découverte. Moins vulnérables, nous avons pu ainsi contenir un assaut et même détruire des blindés, car nos canons courts

de 37 mm étaient tout de même efficaces contre les Panzer I et les automitrailleuses. Je m'emporte lorsque j'entends certaines personnes affirmer que nous ne nous sommes pas battus en 1940[1] !

Pour tenter de stopper la progression des 7e et 5e Panzerdivision, la 1re division cuirassée française (DCR) reçoit l'ordre de contre-attaquer le 15 mai, à Flavion. Forte de 160 chars, dont 70 chars lourds B1 bis de 32 tonnes, elle doit s'opposer à environ 500 panzers, soutenus par l'aviation. Son déplacement est entravé et retardé par les nombreux embouteillages sur les routes, à travers une marée de civils fuyant l'invasion allemande, sans oublier les attaques massives de la Luftwaffe.

Près de la moitié de la 1re DCR ne peut manœuvrer, faute d'essence. L'héroïsme des tankistes français, que ne viennent soutenir ni l'aviation, ni l'infanterie, ni l'artillerie, est spectaculaire le 15 mai. Une première vague de chars allemands de la 7e Panzerdivision de Rommel est stoppée par les chars B1 bis, dont certains n'ont pas terminé leur plein de carburant. De nombreux chars allemands sont détruits. Rommel parvient cependant à tenir à distance les « pachydermes » d'acier français de 32 tonnes grâce à son artillerie lourde. Une compagnie de chars B1 bis affronte seule la 5e Panzerdivision, arrivée en renfort. Les 12 chars B1

1. Entretiens de l'auteur avec Pierre Cazenave en novembre 1995.

bis luttent comme des lions lors de cet affrontement titanesque à un contre cent !

La 5e Panzerdivision, soutenue par les puissants canons de 88 mm, les canons de 75 mm de ses Panzer IV et les bombes des stukas, parvient à tenir à distance les chars lourds B1 bis. Le combat se prolonge toute la journée. Certains B1 bis, à court de munitions, éperonnent de toute leur puissance des blindés allemands trop avancés. Certains tankistes français quittent leur char incendié et poursuivent le combat jusqu'à la mort avec leur pistolet automatique.

En fin de journée et dans la nuit, les débris de la 1re DCR se regroupent à Solre-le-Château. Sur 160 chars engagés, la 1re DCR n'en compte plus qu'une cinquantaine au moment du repli : 58 chars français ont été détruits au combat (dont 44 B1 bis et 14 Hotchkiss H39), 42 autres ont été abandonnés, en panne d'essence. Les Allemands ont perdu une centaine de blindés (détruits ou endommagés) et une cinquantaine de pièces antichars. À court de carburant, incapables de manœuvrer, les chars français ont été décimés. Bien que maladroitement utilisée et numériquement inférieure, la 1re DCR n'a pas démérité, en infligeant des pertes sévères à 2 divisions blindées allemandes, dont principalement la 5e Panzerdivision. Les combats de Flavion ont stoppé durant une journée la 5e Panzerdivision et ralenti la 7e Panzerdivision. Néanmoins, la ruée des panzers vers l'ouest peut se poursuivre les jours suivants. L'historien allemand Karl-Heinz Frieser souligne que « les équipages de chars français de la 1re DCR s'étaient battus avec un courage extraordinaire, mais avec des méthodes qui n'offraient aucun espoir[1] ».

Au sud de Sedan, le général Guderian, commandant du 19e corps blindé, doit sécuriser ses arrières, notamment à Stonne, petit village des Ardennes, où la 3e division française cuirassée, la 3e division d'infanterie motorisée et la 6e division d'infanterie coloniale, appuyées par divers groupes de reconnaissance, arrivent en renforts pour contre-attaquer la percée des Panzerdivision. C'est alors que débute la terrible bataille de Stonne, du 14 au 25 mai 1940, marquée par de nombreux assauts dans les deux camps, où 42 500 soldats et 130 chars français affrontent 90 000 soldats et 300 blindés allemands, soutenus par une puissante aviation. La bataille de Stonne se signale par la férocité des combats : « Les soldats de la Wehrmacht ont toujours comparé l'enfer de Stonne en 1940 à l'enfer de Verdun en 1916[2] », écrit l'historien allemand Karl-Heinz Frieser. Lors d'un seul affrontement, le char lourd B1 bis du capitaine Billotte détruit 13 panzers et 2 canons antichars !

En douze jours de lutte acharnée, la bataille de Stonne se termine par la mise hors de combat de 7 500 soldats français (tués, blessés, disparus) et de 26 500 soldats allemands. Le cimetière militaire de Noyers, près de Stonne, contient 12 788 tombes de soldats allemands tombés durant cette période. La 3e division française d'infanterie motorisée déplore la perte de 3 210 soldats hors de combat

1. *Karl-Heinz Frieser,* Le Mythe de la guerre éclair, op. cit.
2. Ibid.

(tués, blessés, disparus) du 15 au 25 mai 1940, tandis que la 24e division allemande d'infanterie compte 1 490 soldats tués ou blessés du 17 au 25 mai. Le 6e bataillon français de chasseurs portés perd 600 hommes sur 850 soldats. Le 1er bataillon allemand du 64e régiment d'infanterie ne compte plus que 48 soldats valides sur 1 000 hommes. Du 17 au 23 mai, la 6e division française d'infanterie coloniale stoppe l'avance allemande au prix de 2 371 soldats tués ou blessés, dont 86 officiers et 260 sous-officiers. On a retrouvé et identifié les corps de 500 soldats français et de 1 800 soldats allemands tués lors des combats des 23 et 24 mai. Une centaine de blindés allemands et 65 chars français sont détruits ou endommagés durant la bataille de Stonne.

Le général allemand Paul Wagner devait écrire : « Il y a trois batailles que je n'oublierai jamais : Stonne, Stalingrad et Monte Cassino[1]. » De son côté, le général allemand Heinz Guderian écrit : « Les combats de Stonne sont, par leur dureté, à comparer à ceux de la Grande Guerre autour de Verdun. Les Français avaient engagé là certaines de leurs meilleures divisions[2]. »

Si la bataille de Stonne parvient à fixer plusieurs divisions allemandes, elle ne change en rien le déroulement de la campagne de l'Ouest, où les Panzerdivision peuvent atteindre les côtes de la Manche. La 3e division cuirassée française, équipée de chars limités en autonomie et uniquement

1. *Archives militaires allemandes, Fribourg-en-Brisgau.*
2. *Heinz Guderian,* Souvenirs d'un soldat, *Plon, 1954.*

conçus pour colmater les brèches, ne pouvait en rien modifier la situation sans être soutenue par plusieurs divisions motorisées et surtout une puissante aviation d'assaut. Or ces divers moyens offensifs faisaient, à ce moment-là, totalement défaut à l'armée française dans ce secteur du front.

*

* *

Après la percée allemande dans les Ardennes, l'armée française tente par tous les moyens de stopper la progression des Panzerdivision vers les côtes de la Manche. De nombreux combats souvent méconnus sont alors livrés. Comme lors du rembarquement des divisions britanniques à Dunkerque et ailleurs, les troupes françaises se sacrifient héroïquement, permettant à la Grande-Bretagne de sauver l'ossature de son armée professionnelle, offrant ainsi à Churchill la possibilité de poursuivre la guerre dans de meilleures conditions. Ces faits historiques avérés sont cependant volontairement oubliés par l'historiographie anglo-américaine, laquelle présente cette seconde phase de la campagne de 1940 comme un succès facile pour la Wehrmacht, avec une armée française en pleine débandade et des forces militaires britanniques valeureuses et disciplinées, sans oublier la mise en avant de la Royal Navy et de la Royal Air Force.

Pour contrer l'offensive allemande, le commandement français décide d'engager la 2e division cuirassée (DCR) du général Bruché qui, face à 4 Panzerdivision, aligne 160 chars contre

945 panzers ! La 2e DCR, qui a commencé son mouvement pour gagner Charleroi, est dirigée vers Signy-l'Abbaye. Les blindés des 6e et 8e Panzerdivision sont déjà là, et la 2e DCR arrive dans la plus complète confusion. Certains de ses éléments sont à Nouvion, d'autres à Hirson, d'autres au sud de l'Aisne… Il est difficile de disperser davantage une grande unité dont la puissance repose sur la concentration de ses moyens. Dans la journée du 16 mai, la 2e DCR se trouve totalement dissociée. Les chars sont surpris ici et là par l'avance des panzers, d'autres s'épuisent dans la défense sans espoir des ponts de l'Oise.

Les tankistes français se défendent cependant avec un admirable courage, mais succombent sous les assauts des 1re, 2e, 6e et 8e Panzerdivision. Toutes ces péripéties coûtent très cher à la belle division du général Bruché. Lorsque, le 18 mai, les restes de la 2e DCR se regroupent aux abords de Cuy, à l'ouest de Noyon, il ne reste que 25 chars légers et 17 chars lourds en état de combattre : 42 blindés sur un total initial de 160 !

Une attaque de la division du général Bruché est réalisée, le 16 mai, par un groupement aux ordres du commandant Bourgin, qui accomplit dans la région de Marle-Montcornet un raid de 150 kilomètres, en bousculant et en détruisant des éléments allemands avancés. Le 19 mai, le groupement du commandant Aubert et la compagnie Vaudremont attaquent le 19e corps blindé du général Guderian sur le canal de Crozat, dans la région de Saint-Quentin. Des chars B1 bis et Hotckhiss H39 détruisent plusieurs positions ennemies, font irruption à 2 kilomètres du PC du général Guderian, dans la forêt d'Holnon, uniquement défendu par quelques pièces antiaériennes de 20 mm. « Je vécus, raconte Guderian, quelques heures d'inquiétude, jusqu'à ce que ces menaçants visiteurs eussent fait demi-tour[1]. » Des chars (2 Hotchkiss et 2 B1 bis) forcent le passage de Jussy et se dirigent vers Essigny-le-Grand, où ils causent de lourdes pertes aux Allemands. Un vent de panique secoue le haut-commandement allemand ! Les généraux von Kleist et Guderian, qui prennent l'affaire très au sérieux, ordonnent à la 10e Panzerdivision de contre-attaquer au sud de Saint-Quentin : 1 Panzerdivision contre 4 malheureux chars français ! Si on en croit les archives allemandes, Guderian va jusqu'à envisager de contre-attaquer avec 3 Panzerdivision ! L'alerte ne dure pas très longtemps. Les intrépides chars français, à court d'essence et de munitions, regagnent leurs lignes vers 16 heures. À 18 heures, on ne compte plus un seul blindé de la 2e DCR sur le canal de Crozat.

Malgré quelques succès indéniables, la 2e DCR, dispersée et engagée dans des conditions dramatiques, n'a pu enrayer la ruée des panzers vers la mer. Combattant seule avec ses 160 chars, que pouvait faire cette division face aux 954 chars de 4 Panzerdivision ?

Une question demeure, comment la 2e DCR, pourtant dispersée aux quatre vents, a-t-elle pu inquiéter à ce point le commandement allemand ? La réponse se trouve en partie dans l'action audacieuse et spectaculaire qui fut menée par les chars

---

1. Ibid.

B1 bis « Mistral » et « Tunisie », de la 3e compagnie du 15e BCC, le 17 mai 1940, à midi passé, sur Landrecies. Roulant entre deux rangs serrés d'automitrailleuses et autres véhicules garés en plein bourg, le « Tunisie » en détruit une centaine, avec l'aide du « Mistral » ! Ce fait d'armes est à juste titre considéré comme l'un des exploits militaires les plus incroyables de la Seconde Guerre mondiale.

Par ordre du haut-commandement, des unités dispersées et encore valides de la 2e DCR doivent défendre les ponts de l'Oise entre Hirson et La Fère, sur un front de 60 kilomètres. Les débris de diverses compagnies des 8e, 14e et 28e BCC affrontent les 1re, 2e, 6e et 8e Panzerdivision durant trois jours (16-18 mai). Malgré son écrasante supériorité numérique, la 6e Panzerdivision du général Kempf est repoussée, à Guise, par une compagnie de chars lourds B1 bis du 8e BCC ! Les Allemands forcent finalement le passage dans la région d'Origny et de La Fère. De nombreux chars en flammes, appartenant aux deux adversaires, indiquent la farouche résistance des tankistes français. Le 19 mai, le général Bruché, gravement malade, est évacué. Le colonel Perré, son second, prend le commandement de la 2e DCR, qui va être reconstituée dans la région de Noyon.

Le 22 mai 1940, la 25e division française d'infanterie motorisée (DIM) du général Molinié, appuyée par le 38e bataillon de chars de combat, bouscule la 32e division allemande d'infanterie près de Cambrai. La progression française est spectaculaire. Les Allemands sont obligés de faire intervenir massivement la Luftwaffe pour enrayer la courageuse tentative de la 25e DIM. Ce message est capté par le groupe français de chasse 2/3. Un groupe de stukas est intercepté par 18 chasseurs Dewoitine D520 ; 11 d'entre eux sont abattus avant que la chasse allemande ne puisse venir à la rescousse. Le groupe 2/3 se trouve cependant à la limite de la zone d'action de ses appareils. Les avions français disparus, la Luftwaffe, de nouveau maître du ciel, stoppe l'attaque française en direction de Cambrai.

Les 16 et 17 mai 1940, la 4e division cuirassée française du colonel Charles de Gaulle, réduite à 88 chars au lieu des 160 prévus, attaque les arrières de l'ennemi dans le secteur de Montcornet. Cet assaut, souvent tourné en dérision par des auteurs antigaullistes hystériques, est pourtant pris très au sérieux par le commandement allemand.

À ce sujet, le capitaine allemand von Kielmansegg, chef de section logistique de la 1re Panzerdivision, écrit :

> Le carrefour de Montcornet représentait un passage obligé pour le ravitaillement de plusieurs de nos divisions, ainsi qu'une ligne de liaison arrière importante. L'assaut était dirigé exactement sur le point névralgique, où étaient établis une partie de l'état-major du corps blindé de Guderian et les éléments logistiques de la 1re Panzerdivision. On ne s'attendait pas à une attaque de nos flancs aussi hardie. L'assaut des blindés sur Montcornet a été, pendant toute la campagne de l'Ouest, la seule contre-attaque française

> parfaitement appropriée quant au moment, au lieu et à la direction[1].

Notons au passage que le capitaine von Kielmansegg n'est pas n'importe qui : devenu général dans les années 1960, il sera nommé commandant en chef de l'Otan pour l'Europe centrale. L'historien militaire allemand Karl-Heinz Frieser souligne également que l'attaque de la 4e DCR sur Montcornet a représenté un réel danger logistique pour plusieurs unités de la Wehrmacht. Il affirme notamment :

> Quand le capitaine von Kielmansegg se rendit compte du danger, il fit aussitôt installer un barrage de mines par les soldats du génie et improvisa une position défensive avec des troupes réunies au hasard. Il eut de la chance : il y avait là quelques canons antichars et des pièces de DCA [...]. Des stukas du 8e corps aérien firent leur apparition et se jetèrent sur les formations du colonel de Gaulle. Entre-temps, une partie de la 10e Panzerdivision avait en effet été libérée des combats de Stonne et acheminée dans le secteur de Montcornet. Enfin, le capitaine von Kielmansegg put jeter dans la bataille quelques chars de la 1re Panzerdivision qui sortaient juste de réparation[2].

1. *Archives militaires allemandes, Fribourg-en-Brisgau.*
2. *Karl-Heinz Frieser,* Le Mythe de la guerre éclair, op. cit.

On voit mal un officier allemand, chargé de la logistique d'une Panzerdivision, déployer autant d'efforts et de moyens pour contrer « une simple patrouille de chars »...

Il est utile de faire connaître le point de vue allemand, peu suspect de complaisance, car récemment certains auteurs français ont cru bon de tourner en dérision cette opération militaire, en avançant qu'elle fut montée en épingle « par la propagande gaullienne » après la guerre. Pourtant, le général de Gaulle a toujours conservé le triomphe modeste au sujet du combat de Montcornet, comme en témoignent ses *Mémoires de guerre* :

> Tout l'après-midi, les stukas, fondant du ciel et revenant sans cesse, bombardent en piqué nos chars et nos camions. Nous n'avions rien pour leur répondre. Enfin, des détachements mécaniques allemands, de plus en plus nombreux et actifs, escarmouchent sur nos arrières. Enfants perdus à 30 kilomètres en avant de l'Aisne, il nous faut mettre un terme à une situation pour le moins aventurée[1].

Dans la soirée du 16 mai, les troupes du colonel de Gaulle s'avancent jusqu'à hauteur de Chivres, dont le pont sur la Souche est nécessaire pour la poursuite des opérations. La 4e DCR connaît son baptême de feu à Chivres. À 20 h 30, une petite colonne allemande, composée de trois motos et

1. *Charles de Gaulle,* Mémoires de guerre, *Plon, 1954.*

trois véhicules de reconnaissance, s'avance vers le pont. Dès que l'ennemi est à portée de tir, les chars Renault R35 ouvrent le feu et détruisent les trois motos et un des véhicules de reconnaissance. Au même endroit, vers 22 heures, deux side-cars subissent le même sort. Tout au long de la nuit, des détachements allemands tombent sous les balles et les obus des chars français. Peu avant l'aube, le 17 mai, un important convoi allemand, composé d'une trentaine de camions, d'éléments à moto et de 2 canons de 105 mm tractés, arrive à proximité de Chivres, par la route de Montcornet. Manifestement, le convoi n'a pas été prévenu de la présence de blindés français dans le secteur, car il s'arrête en catastrophe à 100 mètres à peine des positions tenues par la 4e DCR. Immédiatement pris sous le tir des chars Renault R35, les Allemands n'ont pas le temps de mettre leurs 2 canons en batterie. Le tir des R35, à si faible distance, est dévastateur, et de nombreux camions sont en feu. Surviennent les B1 bis, en route pour attaquer Montcornet, qui mettent fin à toute résistance allemande. Les pertes françaises sont insignifiantes, mais lourdes pour les Allemands : 2 canons de 105 mm, 1 automitrailleuse, 18 camions, 6 motos et side-cars détruits, sans oublier 23 tués, dont un officier, et 33 prisonniers.

L'attaque française bouscule ensuite les premières positions allemandes. Lorsque les chars français s'approchent de Montcornet, la situation devient critique pour les Allemands. Le premier officier à s'en rendre compte, le capitaine von Kielmansegg, chef de la section logistique de la 1re Panzerdivision, se souvient :

> Comme je sortais de Montcornet et empruntais la route principale – le seul axe d'offensive de la 1re Panzerdivision –, je vis de nombreux soldats allemands revenir en courant, c'est-à-dire vers moi. C'étaient des soldats du génie ; ils prétendaient que des chars français les suivaient ! Je ne voulus pas les croire parce que la direction qu'ils désignaient était celle qui menait à notre propre front. Me rendant finalement compte du danger, je pris les mesures nécessaires pour assurer une défense efficace[1].

Les chars français font des ravages dans le village de Clermont, atteignent bientôt la route de Montcornet à Marle, où ils surprennent un important convoi ennemi qu'ils incendient. Des panzers, sortis tout juste de réparation, comme l'indique le capitaine allemand von Kielmansegg et le confirme l'historien allemand Karl-Heinz Frieser, viennent à la rencontre de l'assaillant, mais les blindés français les dispersent ou les détruisent, puis pénètrent dans Montcornet. Les coups portés sur les colonnes de ravitaillement de la 1re Panzerdivision sont importants.

La menace française est suffisamment prise au sérieux par Guderian pour qu'il fasse intervenir ses puissantes pièces de 88 mm, des chars réparés de la 1re Panzerdivision, et surtout l'aviation. Une partie

1. *Archives militaires allemandes, Fribourg-en-Brisgau.*

de la 10e Panzerdivision, venant de Stonne, est en route pour éventuellement contrer la 4e DCR.

Le combat de Montcornet se termine. De Gaulle ordonne à ses blindés de se retirer à l'ouest du canal de la Souche, solidement défendu par les fantassins du 4e BCP. Le décrochage s'effectue sans difficulté, malgré les harcèlements de la Luftwaffe et des blindés de reconnaissance allemands.

Quel bilan peut-on tirer de la bataille de Montcornet ? Contrairement à ce qu'ont affirmé certains, le colonel de Gaulle reste modeste :

> Il y a sur le terrain plusieurs centaines de morts allemands et nombre de camions ennemis brûlés. Nous avons fait 130 prisonniers. Nous n'avons pas perdu 200 hommes. À l'arrière, sur les routes, les réfugiés ont cessé de fuir. Certains, même, rebroussent chemin. Car le bruit court dans leurs tristes colonnes que les troupes françaises ont avancé[1].

Paradoxalement, le général Georges, souvent hostile à de Gaulle, déclarera devant une commission d'enquête que « la 4e DCR a été improvisée sur le champ de bataille. C'est cependant la seule qui, lancée dans le flanc des colonnes allemandes, y a jeté un trouble considérable[2] ».

Sur les 88 chars français engagés, 23 sont détruits, et le commandant Bescond, qui a mené l'assaut, a

1. *Charles de Gaulle,* Mémoires de guerre, op. cit.
2. *Archives militaires françaises, Vincennes.*

été tué. De Gaulle annonce moins de 200 hommes hors de combat au sein de sa division, qui ne compte en réalité que 25 tués ou blessés. La Wehrmacht a perdu une centaine de véhicules divers (camions, motos, blindés...), de nombreux canons ou mitrailleuses lourdes, et environ un millier d'hommes (tués, blessés, disparus ou prisonniers). L'ennemi a bel et bien été bousculé entre Chivres et Montcornet. Le ravitaillement de la 1re Panzerdivision a été sérieusement menacé. Même si cette attaque n'a rien changé à la campagne du Nord, elle a jeté un trouble certain chez l'adversaire, comme le confirment divers auteurs et militaires allemands. La 4e DCR a porté un coup puissant, mais sans lendemain, contre le flanc de l'adversaire, qui a été incapable de poursuivre les blindés français lors de leur repli. La mission du colonel de Gaulle était de permettre à la 6e armée française de s'installer dans de bonnes conditions sur l'Aisne. Cette mission a été parfaitement remplie[1].

Les enseignements tactiques de cette opération révèlent les nombreuses déficiences de la 4e DCR. La première faiblesse tient à l'entraînement des tankistes français, habitués à soutenir l'infanterie. Ils se trouvent désorientés lorsqu'ils sont lancés dans un raid de 30 kilomètres, sans fantassins pour les soutenir. Dans ces conditions, toute conquête du terrain devient impossible. La consommation invraisemblable des chars lourds B1 bis en essence présente un handicap de taille : deux ravitaillements pour une avance de 25 kilomètres ! « Aucune

1. Ibid.

action d'ensemble, écrit Yves Buffetaut, n'a pu se développer à cause de ce problème crucial[1]. » Mais il y a plus grave : l'absence de liaison radio a rendu impossible la coopération entre les chars. Les R35 ont manœuvré au fanion ! De Gaulle n'est donc nullement en cause. S'il avait eu entre les mains la division qu'il demandait dans son livre *Vers l'armée de métier*, nul doute qu'il aurait causé un revers plus grand à l'ennemi.

*
* *

Menacée sur ses arrières par la percée des Panzerdivision sur la Meuse, la 1re armée française réagit par des contre-attaques farouches. Le 17 mai 1940, la 1re division légère mécanisée (DLM) reçoit l'ordre de bloquer les panzers qui ont franchi la Sambre à Landrecies et foncent vers l'ouest. La bataille se déroule dans la forêt de Mormal et ses environs, que les Français veulent absolument conquérir. La 1re DLM se heurte aux 7e et 5e Panzerdivision. Le 18 mai, les Somua S35 de la 1re DLM détruisent une vingtaine de panzers près de Jolimetz, mais des 10 Somua engagés dans le village, 1 seul reviendra. Des unités françaises d'infanterie participent à la bataille, comme le 27e régiment de tirailleurs algériens, qui se fait décimer sous les tirs de l'artillerie et des mitrailleuses allemandes. Les chars Hotchkiss de la DLM sont pris à partie par

1. *Yves Buffetaut,* De Gaulle chef de guerre, 15 mai – 6 juin 1940, *éditions Heimdal, 1990.*

des canons antichars et des pièces de 105 mm, et subissent de lourdes pertes.

La 1re armée persévère dans son projet de nettoyer la forêt de Mormal. Le 19 mai, la 5e division d'infanterie nord-africaine (DINA) du général Agliany, la 1re DLM et le 39e bataillon de chars de combat (BCC) se préparent pour l'assaut. Le 20 mai, les fantassins et les chars français attaquent avec fougue et se heurtent de toutes parts à de solides positions allemandes, tenues par la 8e division d'infanterie, la 20e division motorisée, les 4e et 5e Panzerdivision. De terribles combats se déroulent toute la journée et, au soir, les Français, décimés, se trouvent bloqués dans la forêt. Le 21, loin de pouvoir reprendre le contrôle de la forêt, les Français s'organisent pour se retirer vers Englefontaine, à l'ouest. À 8 heures, un bataillon du 24e régiment de tirailleurs tunisiens de la 5e DINA attaque à la baïonnette sous les tirs des mitrailleuses et les barrages d'artillerie. À midi, 300 cadavres de ses courageux tirailleurs jonchent la plaine d'Englefontaine. Une centaine d'hommes à peine ont pu passer... Le 39e BCC a perdu tous ses Renault R35, le 29e régiment de dragons de la 1re DLM ne compte plus que quelques chars.

Le 23 mai, la Luftwaffe multiplie ses attaques contre le corps mécanisé de cavalerie, qui subit de lourdes pertes, dont celle du colonel Pichon, tué dans son char par une bombe d'avion. Jusqu'au bout, les trois DLM couvrent héroïquement la retraite des troupes alliées en direction de Dunkerque.

À Thulin, entre Mons et Valenciennes, le 158e régiment français d'infanterie du colonel Pucinelli livre, le 23 mai, un farouche combat à la 269e division allemande d'infanterie. Attaquant à la baïonnette les positions allemandes, le 158e RI parvient à s'emparer de Thulin, malgré la disproportion des forces en présence ! De nombreux soldats allemands sont capturés. Thulin se transforme en camp retranché. La division allemande encercle la cité et la fait pilonner par son artillerie lourde.

> Les Français se défendent avec rage, écrit Jean-Paul Pallud, mais les Allemands sont de plus en plus nombreux et les défenseurs sont bientôt submergés. Le colonel Pucinelli qui a été blessé à son poste de commandement près du carrefour du Saint-Homme est capturé. Un groupe se bat jusque vers 10 heures au Sardon, un hameau au nord de Thulin, mais ayant tiré ses dernières cartouches et obus de mortier, il doit également se rendre. Refusant d'être pris, le soldat Klébert Lebert se jette sur une moto et fonce à toute vitesse vers les lignes allemandes, hurlant de toutes ses forces. Une rafale de mitrailleuse l'arrête bientôt. Les prisonniers allemands sont libérés et les Français s'alignent à leur tour dans les rues du village. Vers 11 heures, le commandement de la 269e DI est informé que le village a été repris et vers midi un rapport indique que les 10 officiers et les 300 hommes pris à Thulin ont été dirigés vers Pommeroeul[1].

1. *Jean-Paul Pallud,* Blitzkrieg à l'Ouest, op. cit.

Le 22 mai 1940, à Bouchain et ses environs se déroule un terrible combat opposant divers éléments du 2e régiment de tirailleurs marocains (RTM), des 45e, 92e et 121e RI français à la 8e division allemande d'infanterie, soutenue par des unités blindées et la Luftwaffe. Les troupes françaises y opposent une résistance particulièrement héroïque. Hitler va se déplacer à Bouchain, avec une partie de son état-major (von Kluge, Keitel, Bormann) une semaine après la fin de ce combat, afin de se faire expliquer, par le général Heitz, les raisons du retard apporté à l'avance de la Wehrmacht. Lors de cette visite, le commandement allemand tient à saluer le courage déployé par les soldats français, engagés dans une mission de sacrifice, afin de couvrir la retraite des forces alliées vers Dunkerque.

Sur le flanc droit de la percée allemande, le secteur fortifié français de Maubeuge tient un front de 50 kilomètres, de Wargnies à Avesnes. L'ensemble s'articule autour de 24 casemates. La 101e division d'infanterie de forteresse (DIF) prend le secteur en charge avec ses 2 régiments, les 84e et 87e RIF. Dès le 16 mai, les 7e et 5e Panzerdivision attaquent ce fragile système défensif. Des éléments blindés français des 6e, 26e et 39e BCC viennent soutenir les défenseurs. Les panzers, repoussés, décident de rompre le combat pour continuer leur progression vers l'ouest. La 28e DI allemande se charge alors de s'emparer du système fortifié, qui résiste avec vigueur, épaulé par des éléments du 6e régiment de tirailleurs marocains. L'artillerie lourde allemande pilonne les ouvrages, et les stukas multiplient les bombardements aériens. La dernière casemate tient jusqu'au matin du 23 mai. Plus au nord, le secteur fortifié de l'Escaut, réduit à quelques casemates, résiste héroïquement jusqu'au 26 mai, retardant ainsi la progression de nombreuses troupes allemandes en direction de Dunkerque.

*
* *

Du 20 mai au 4 juin 1940, les 2e et 4e divisions cuirassées françaises, les 19e, 31e et 62e divisions françaises d'infanterie, la 7e division française d'infanterie coloniale, la 1re division blindée britannique Evans et la 51e division écossaise lancent plusieurs assauts pour s'emparer de plusieurs têtes de pont allemandes, notamment à Amiens et Abbeville, sur la Somme. Ces combats, fixant plusieurs divisions allemandes, favorisent le succès du rembarquement des troupes alliées à Dunkerque et ailleurs.

La bataille d'Abbeville, encore largement méconnue de nos jours, représente pourtant un moment clé de la campagne de 1940. Le général allemand Guderian écrit : « Au cas où nous n'aurions pas pu tenir la tête de pont d'Abbeville, l'issue victorieuse de la plus grande bataille d'encerclement de tous les temps, en cours dans les Flandres, aurait été mise en question[1]. »

Le 27 mai 1940, l'attaque de la 1re division britannique contre la poche allemande d'Abbeville se heurte à un véritable barrage de canons antichars : 120 chars britanniques hors de combat sur

1. *Heinz Guderian,* Souvenirs d'un soldat, op. cit.

180 engagés ! La 4e division cuirassée de réserve (DCR) du général de Gaulle, reconstituée, prend en charge le secteur d'Abbeville à partir du 28 mai 1940. À la suite de ses attaques courageuses sur Montcornet et Crécy-sur-Serre, Charles de Gaulle, âgé de 49 ans, est promu général de brigade à titre temporaire, le 23 mai. Son unité blindée, qui vient de subir de lourdes pertes sur l'Aisne, est loin de présenter la force imposante que certains ont annoncée avec légèreté. La 4e DCR dispose en vérité de forces blindées réduites le 28 mai : 137 chars et 14 automitrailleuses, et non 332 blindés comme l'annoncent certains auteurs antigaullistes. Seuls les chars B1 bis sont équipés de postes radio. L'infanterie, limitée au début au 4e bataillon de chasseurs portés, a été considérablement renforcée avec l'arrivée du 7e régiment de dragons portés, fort de 2 bataillons, sans oublier le 22e régiment d'infanterie coloniale. L'artillerie repose sur 73 canons de campagne (48 de 105 mm et 25 de 75 mm), et 49 pièces antichars (37 de 47 mm et 12 de 25 mm).

La tête de pont d'Abbeville représente un dispositif triangulaire de 30 kilomètres de périmètre, adossé au mont de Caubert (82 mètres) et à la Somme, défendu par 3 bataillons d'infanterie du 217e régiment d'infanterie bavarois de la 57e division d'infanterie, disposant d'une grande puissance de feu : 139 mitrailleuses légères, 70 mitrailleuses lourdes, 45 mortiers de 45 mm, 30 mortiers de 81 mm, 20 obusiers de 105 mm, 16 canons mitrailleurs de 20 mm, 16 canons de 88 mm et enfin 48 pièces antichars de 37 mm. Pour atteindre le mont de Caubert, clé de la défense, les chars français doivent franchir un glacis de 1 500 à 2 000 mètres, défendu par les redoutables pièces de 88 mm, efficaces contre tous les blindés à plus de 2 000 mètres. La 57e division allemande d'infanterie (DI) est une unité aguerrie, qui a combattu en Pologne et a bénéficié d'un excellent entraînement durant la « drôle de guerre ». Forte de 491 officiers, 2 273 sous-officiers et 12 411 soldats, la 57e DI du général Blümm aligne 3 régiments d'infanterie, dont le 199e tient la Somme d'Argœuves à Pont-Remy, le 217e se trouve à Abbeville et le 179e à Saint-Valery.

L'absence presque totale de transmission prive la 4e DCR de souplesse, de réflexe et de réaction. Le général de Gaulle doit faire circuler des estafettes motocyclistes pour correspondre avec les diverses unités de sa division. Lui-même engage dans cette bataille sa volonté profonde. Consacrant toutes ses ressources physiques et morales, il se déplace sans cesse, concevant tout, vérifiant tout. Il encourage les hommes jusque sous les balles et les obus. Mais il ne peut être partout à la fois.

Les 28 et 29 mai 1940, les chars français, dont principalement les puissants B1 bis, enfoncent les positions ennemies et sèment la terreur dans les rangs allemands. Les artilleurs des pièces antichars de 37 mm, impuissantes contre l'épais blindage des principaux chars français, se replient, suivis par l'infanterie. Cette débandade des troupes combattantes provoque un véritable sauve-qui-peut parmi les éléments du train et des services complémentaires. Les troupes allemandes qui se trouvent encore dans la poche se sauvent vers Abbeville par la route de Rouvroy.

> La débandade est d'importance, souligne Yves Buffetaut : troupes sans chef, camions, convois hippomobiles, canons, affluent dans les rues d'Abbeville en colportant les bruits les plus défaitistes pour justifier leur comportement... L'alerte est si chaude que le général von Manstein, commandant le 38e corps d'armée, est prévenu et se rend même sur place pour remettre les fuyards sur le bon chemin. La 2e division motorisée, qui vient d'être relevée mais stationne à proximité, à Rue, est mise en alerte et envoie des officiers sur place pour juger de la gravité de la situation. Manstein informe même le général von Kluge, commandant de la 4e armée, « qu'une crise sérieuse » se déroule à Abbeville. Celui-ci autorise un repli au nord de la Somme, en cas de nécessité absolue[1].

Le succès de la 4e DCR présente une menace potentielle sur les arrières allemands de Dunkerque.

L'aspirant allemand Franz Arsan du 217e RI se souvient : « C'était affreux. Nous éprouvions des pertes énormes. Pas seulement à cause des obus, mais à cause des chars : ils massacraient nos camarades demeurés en ligne... On voyait les engins “danser” sur les trous pour écraser ceux qui y étaient demeurés[2]. » Deux canons de 88 mm restent cependant en position sur le sommet du mont de Caubert avec

1. *Yves Buffetaut,* De Gaulle chef de guerre, op. cit.
2. *Archives militaires allemandes, Fribourg-en-Brisgau.*

d'autres pièces. Les seuls fantassins allemands qui se battent encore sur la rive sud de la Somme sont les 500 fantassins d'un bataillon, qui se heurtent héroïquement à l'attaque des chars.

Cet assaut suicidaire de l'infanterie allemande contre des chars lourds est relaté par l'équipage français du B1 bis « Du Guesclin » :

> Là-bas devant nous, à 500, 400 mètres peut-être, 400 à 500 hommes se dressent tout à coup hors des trous qui doivent être creusés dans le sol et, baïonnette au canon, se précipitent vers nous ! Est-ce possible ? Que peuvent 500 types contre une dizaine de chars lourds ? C'est de la folie ! Nos chars arrêtés, nos mitrailleuses commencent à cracher. Les pauvres fous, là-bas, en face, sont littéralement fauchés par notre tir à bout portant. Nos 75 se mettent de la partie : c'est un carnage. Les ravages des 75 à 350 ou 400 mètres sont effroyables. Les pilotes choisissent les groupes les plus compactes, et chaque coup les pulvérise. Là-bas les hommes continuent à courir mais, maintenant, dans tous les sens. Aucun d'eux ne se couche tant qu'il n'est pas touché. Combien de temps cela dure-t-il ? Pas longtemps : dix minutes, peut-être, mais effroyables. Et, soudain, c'est à nouveau le calme : un calme absolu. Devant nous, à terre, nous distinguons ceux qui ont été assez fous pour charger des chars… Impossible d'oublier ce spectacle : le sol est

> absolument jonché de cadavres allemands au teint jaune en général… Beaucoup sont en train de mourir, parfois avec d'horribles blessures. La plupart, étendus sur le dos, sont encore dans les trous qu'ils avaient creusés. Certains, la bouche ouverte, font des efforts désespérés pour respirer… Notre 75 a fait d'horribles ravages. Soulié, le pilote, a un mal terrible à passer au milieu de tous ces hommes à terre, mais grâce à son adresse le « Du Guesclin » parvient à les éviter à peu près tous en louvoyant. Ils ont assez souffert : nous ne voulons pas les écraser maintenant[1].

Le lieutenant-colonel allemand Wolf raconte que « les pertes des Bavarois étaient épouvantables. Presque tous leurs officiers étaient morts, des compagnies entières n'avaient plus un seul lieutenant, et plus de la moitié de leurs sous-officiers manquaient[2] ».

Ce vent de panique se propage assez loin sur les arrières de la Wehrmacht. Les Allemands rembarquent à Saint-Riquier, Plessiel et Neuilly-l'Hôpital. Des centaines et des centaines d'Allemands s'enfuient vers Abbeville. Hantés par l'image de cette vague de chars qui va les massacrer, ils courent aussi vite que possible. Ils se sauvent, en désordre, sur plusieurs kilomètres. Ce n'est plus l'orgueilleuse armée du Reich, mais une foule

1. Ibid.

2. Ibid.

cherchant à préserver sa peau dans un sauve-qui-peut général.

Le général de Gaulle, qui ne dispose pas de liaisons radio, ne peut se rendre compte de la situation. Il ignore que le front allemand est enfoncé. Pour exploiter la situation, 1 400 dragons du 7e RDP attendent d'attaquer. Mais l'ordre ne vient pas. Par manque de liaisons, le commandement français ne se rend pas réellement compte de l'étendue du désastre chez l'ennemi. La 4e DCR, qui ne possède aucun système de transmission, ni radio, ni téléphonie, ne va pas porter l'estocade. De Gaulle a parfaitement mesuré cette faiblesse mortelle. En janvier 1940, il écrivait : « Il faut trouver les transmissions nécessaires à l'échelon des bataillons, sinon… nos chars seront couillonnés[1]. » Ce n'est pas le manque de chars qui handicape l'armée française en 1940, c'est l'absence de transmissions. Pour pallier cette insuffisance très grave, le général de Gaulle se déplace énormément, près du feu, donnant l'élan. Mais un général, aussi brave soit-il, ne peut remplacer un outil aussi indispensable à la guerre moderne.

Finalement, plusieurs batteries allemandes d'artillerie de 88 mm et 105 mm, installées sur le mont de Caubert, parviennent à repousser, le 30 mai, l'assaut final de la 4e DCR. Abbeville est une victoire inachevée pour le général de Gaulle et sa division, même si la tête de pont allemande se trouve réduite à 80 %.

---

1. *Archives militaires françaises, Vincennes.*

En trois jours de combat, la 4e DCR a perdu 92 chars sur 137 engagés, dont 28 B1 bis, 37 Renault R35, 27 Somua S35 ou Hotchkiss H39. Il faut ajouter 5 automitrailleuses Panhard détruites. L'infanterie de la DCR, forte de 4 522 soldats, déplore 800 hommes hors de combat (tués ou blessés). À Abbeville, les pertes de la 57e division d'infanterie bavaroise, avec son artillerie de soutien, sont parmi les plus élevées des unités allemandes en 1940 : 2 300 soldats hors de combat (tués, blessés, disparus ou prisonniers). Le 217e régiment est décimé. Le 179e régiment est appelé en renfort. La division bavaroise a également perdu 36 canons antichars de 37 mm, 6 canons de 20 mm, 5 canons de 88 mm, 180 mitrailleuses, 30 mortiers de 45 mm et 25 de 81 mm, sans oublier une centaine de véhicules divers (camions, voitures, motos, blindés de transport de troupes...). Il convient de rappeler que la tête de pont d'Abbeville, véritable forteresse, était défendue, en comptant les renforts, par 200 mitrailleuses, une centaine de mortiers, une cinquantaine de canons antichars, une vingtaine d'obusiers de 105 mm, une quarantaine de pièces antiaériennes dont une vingtaine de canons de 88 mm qui firent la différence contre les chars.

Le nouveau commandant en chef des armées françaises, le général Weygand, qui a remplacé le général Gamelin depuis le 19 mai 1940, fait citer le général de Gaulle à l'ordre de l'armée : « Chef admirable de cran et d'énergie. A attaqué avec sa division la tête de pont d'Abbeville très solidement tenue par l'ennemi. A rompu la ligne de résistance allemande et progressé de 14 kilomètres à travers les lignes ennemies, faisant des centaines de prisonniers et capturant un matériel considérable[1]. »

*

* *

À Calais, Boulogne, Dunkerque et Lille, environ 70 000 soldats français résistent héroïquement à 400 000 soldats allemands durant plusieurs jours, fin mai-début juin 1940, permettant le rembarquement de 403 517 des 450 000 soldats britanniques présents en France, sanctuarisant ainsi la Grande-Bretagne. Churchill estime que la résistance héroïque des troupes françaises, couvrant le rembarquement de l'armée britannique, a joué un rôle déterminant dans la poursuite de la guerre de la Grande-Bretagne.

*

* *

La seconde phase de la campagne de 1940 doit débuter le 5 juin 1940. Pour Hitler, il s'agit d'abattre ce qu'il reste de l'armée française, après les batailles de la Meuse et des Flandres en mai. L'effort principal de l'offensive allemande doit porter sur les fronts de la Somme, de l'Ailette et de l'Aisne, où 120 divisions allemandes doivent affronter 40 divisions françaises. La Luftwaffe peut engager 3 000 avions, alors que l'armée de l'air française se trouve réduite à un millier d'appareils. Le déséquilibre des forces en présence, terrestres et aériennes, est donc de l'ordre

---

1. Ibid.

de trois contre un, et bien davantage si l'on compte les unités allemandes maintenues en réserve.

Malgré l'écrasante supériorité numérique et matérielle de l'assaillant, les troupes françaises résistent partout avec héroïsme. Au sud d'Amiens, du 5 au 9 juin 1940, les 16e et 24e divisions françaises d'infanterie, soutenues uniquement par 2 compagnies de chars, repoussent la puissante offensive du 14e Panzerkorps, qui aligne les 9e et 10e Panzerdivision, la 13e division d'infanterie motorisée, la 9e division d'infanterie et le régiment motorisé Grossdeutschland ; soit un total de 428 chars et 68 000 soldats allemands, contre 30 chars et 32 000 soldats français.

« Dans ces villages de la Somme, les Français résistèrent jusqu'au dernier[1] », écrit le colonel allemand Karl von Stackelberg. Le commandant allemand von Jugenfeld témoigne ainsi de son côté :

> Nos chars sont accueillis par un feu vraiment infernal. En un clin d'œil, les premiers d'entre eux, pris sous des feux de flanc, sont en flammes. La situation n'a rien de réjouissant. Maintenant, ce serait à notre artillerie de s'entretenir avec les Français ; leur défense est vraiment trop forte, et nous avons trop peu de munitions pour les canons de nos chars. Il est exactement midi. La journée sera encore longue, et personne ne sait combien de temps les tirs d'arrêt ennemis nous

1. *Archives militaires allemandes, Fribourg-en-Brisgau.*

> séparreront encore de nos lignes de ravitaillement. Nous devons donc, de bonne heure, songer à économiser les munitions, car aujourd'hui, journée décisive, il faut compter avec tout, même une contre-attaque de chars français[1].

Le lendemain, le 6 juin 1940, l'assaut allemand est de nouveau contenu, mais les munitions s'épuisent dans les rangs des troupes françaises, coupées de leurs arrières. Le 7, les débris de la 16e DI poursuivent le combat aux côtés de la 24e DI. À l'aube de cette troisième journée de lutte sanglante, la 24e division d'infanterie a également établi un système de centres de résistance en profondeur dans les villages et les bois. Cependant, les 3 régiments d'infanterie n'ont que 9 canons antichars de 25 mm au lieu des 12 prévus. Malgré la faiblesse de ses moyens, la 24e DI oppose une résistance acharnée au 14e Panzerkorps, affaibli par les combats contre la 16e DI. Les assauts ennemis sont brisés puis rejetés par une contre-attaque de quelques chars R35. Les 8 et 9 juin, la 24e DI poursuit le combat avec le même acharnement. Le 14e Panzerkorps, décimé, ne peut enfoncer les positions françaises, malgré quelques succès locaux.

Le commandement allemand décide d'arrêter l'offensive dans ce secteur. Le général allemand von Bock, commandant du groupe d'armées B, engagé sur la Somme, s'inquiète fortement de cette situation :

1. Ibid.

> Dures journées avec de nombreuses crises. Il me semble que nous sommes bloqués. Je me rends à nouveau au 14e Panzerkorps et à la 9e Panzerdivision pour avoir une image exacte. Il est remarquable de constater que les 16e et 24e divisions françaises d'infanterie, qui nous sont opposées, ont pu bloquer tout un corps blindé durant cinq jours. Je me décide, le cœur lourd, à retirer le 14e Panzerkorps au sud d'Amiens et à l'engager derrière le 16e Panzerkorps près de Péronne pour percer ainsi avec une pointe blindée massive en direction de Creil-Compiègne. Kleist prendra le commandement des 2 Panzerkorps. Ainsi une forte masse blindée entraînera l'armée vers l'avant, entre Amiens et Péronne[1].

C'est donc un constat d'échec pour le 14e Panzerkorps, qui s'est trouvé bloqué par 2 divisions d'infanterie et quelques batteries d'artillerie, bien disposées sur le terrain et décidées à se battre. Constat d'échec également avec le bilan des pertes. On a parlé de cimetières de chars allemands sur le plateau de Dury. Le général von Bock doit avouer que le 14e Panzerkorps a perdu 235 chars (détruits ou endommagés) au sud d'Amiens contre les 16e et 24e DI ! La 10e Panzerdivision n'a plus que 60 chars sur 180. Le potentiel du 14e Panzerkorps se

1. Ibid.

trouve réduit à 45 % pour les chars et à 60 % pour l'infanterie (27 200 soldats tués ou blessés) !

Le général allemand von Reicheneau, commandant de la 6e armée allemande, déclare que « les troupes françaises, engagées sur la Somme en juin 1940, se sont battues comme des lions[1] ! » Des lions ensanglantés quand on sait que la 16e DI a perdu 70 % de ses effectifs dans cette bataille et la 24e DI environ 40 %.

Sur l'ensemble du front de la Somme, l'armée française résiste avec la même énergie. À l'ouest d'Abbeville, la 31e DI française et la 51e DI écossaise parviennent à contenir les assauts furibonds des 12e et 57e DI allemandes. À l'est d'Abbeville, la 3e division légère de cavalerie (DLC) perd la moitié de son artillerie, mais l'un des groupes, commandé par le chef d'escadron Poyat, détruit ou endommage 38 chars allemands, l'une des batteries en ayant pour son compte mis 18 hors de combat ! La 5e Panzerdivision et la 2e division allemande motorisée ne peuvent venir à bout de la coriace résistance des 2e et 3e DLC, soutenues par des éléments de la 2e division cuirassée. À Picquigny, la 13e DI repousse tous les assauts des 46e et 27e DI allemandes.

C'est dans le secteur de Péronne que la Wehrmacht pense obtenir la percée attendue, où les 3e et 4e Panzerdivision, appuyées par 2 divisions d'infanterie, puis par les renforts des 9e et 10e Panzerdivision venant d'Amiens, enfoncent le front défendu par la 7e division d'infanterie nord-africaine (DINA), les 19e et 29e DI. Mais dès le matin

1. Ibid.

du 6 juin, les chars de la 1re division cuirassée reconstituée (124 chars au total) contre-attaquent à l'est de Roye pour dégager la 29e division d'infanterie, résistant aux côtés de la 7e DINA. Les chars français, appuyés par la 29e division d'infanterie, repoussent l'ennemi, atteignent Carrépuis, puis, vers 13 heures, la route Roye-Liancourt. La Luftwaffe intervient massivement et stoppe la progression de la 1re division cuirassée (DCR), qui doit se retirer après avoir perdu de nombreux chars. La 47e DI, placée en retrait, forme des poches de résistance efficaces qui contiennent l'offensive de la Wehrmacht. Le 1er bataillon de chars de combat (BCC) lutte avec héroïsme à Noyon, les 7 et 8 juin, perdant plus de la moitié de ses chars R35. Durant plusieurs jours, la 1re DCR du général Welvert va se sacrifier héroïquement, en couvrant la retraite des régiments décimés. Il ne lui reste plus que 50 chars le 11 juin ! L'offensive allemande étant finalement contenue, la Wehrmacht est contrainte de déplacer les 4 Panzerdivision de ce secteur (3e, 4e, 9e, 10e panzers) au nord de Reims, afin d'y effectuer une percée massive le 10 juin. Les canons antichars du 117e RI détruisent ou endommagent une cinquantaine de blindés allemands ; ceux du 29e RI peuvent en revendiquer 41 ! La 19e DI parvient à incendier de nombreux panzers.

Marchélepot, au sud de Péronne, est tenu par le 22e régiment de marche de volontaires étrangers. Le village tombe après des combats de rues et de barricades. On se bat furieusement à l'entrée de l'église, défendue par des preux qui lancent leurs grenades debout sur les barricades jusqu'au moment où ils sont abattus par l'assaillant. D'autres tiennent un boqueteau qui est écrasé par les obus. Les survivants se réfugient au PC, et la lutte se poursuit dans la cour d'une ferme. Quelques légionnaires se suicident pour ne pas tomber vivants aux mains des Allemands.

> Mais Marchélepot, écrit Jean-Pierre Richardot, c'est aussi d'autres villages glorieux et résistants, tout autour : Licourt, Pertain, Misery, des points d'appui transformés en bastions par ces combattants venus du monde entier [...]. 90 % d'entre eux mourront en défendant la route de Paris. Ils seront cités à l'ordre de l'armée, récompense rarissime[1]...

Le 60e RI perd plus de 300 hommes le 6 juin. Le même jour, la 1re compagnie du 19e bataillon de chasseurs se fait anéantir plutôt que de reculer. Au sud de Saint-Quentin, la 3e division légère d'infanterie et la 23e DI tiennent en échec les 62e, 94e et 263e DI allemandes : 22 000 soldats français contre 54 000 soldats allemands ! Les assauts massifs de l'infanterie allemande sont littéralement fauchés par les armes automatiques françaises.

Au nord de Soissons et au sud de Laon, sur le canal de l'Ailette, la 87e division d'infanterie d'Afrique, les 7e et 28e DI contiennent les attaques de la 1re division allemande de montagne et des 83e, 72e, 290e, 25e et 50e DI : 54 000 soldats français contre

1. *Jean-Pierre Richardot,* 100 000 morts oubliés, op. cit.

108 000 soldats allemands ! Les contre-attaques des chars français des 36e et 17e BCC causent des pertes terribles aux unités allemandes.

La 87e division d'infanterie d'Afrique (DIA), commandée par le général Barbeyrac de Saint-Maurice, puis par le colonel Martin, est une formation composée de 80 % de réservistes. Elle est mise sur pied le 2 septembre 1939, principalement en Algérie pour son infanterie. La 87e DIA comprend des chrétiens, des juifs, des musulmans, et s'articule autour des 17e et 18e régiments de tirailleurs algériens, du 9e régiment de zouaves, du 87e régiment d'artillerie et du 287e régiment d'artillerie lourde divisionnaire. Le 5 juin 1940, la bataille sur le canal de l'Ailette est d'une violence extrême. La 87e DIA, forte de 18 000 hommes, lutte contre la 1re division allemande de montagne et les 83e et 72e divisions allemandes d'infanterie, soit 54 000 soldats ennemis ! Malgré son écrasante supériorité numérique, l'assaillant est partout repoussé. Le 9e régiment de zouaves et le 17e régiment de tirailleurs algériens (RTA) perdent la moitié de leurs effectifs. Une contre-attaque à la baïonnette des tirailleurs du 17e RTA permet de dégager le poste de commandement du 9e régiment de zouaves à Selens. À cette action audacieuse participent 3 vétustes chars Renault FT17 de la guerre 14-18 du 56e BCC. Le prix payé par la Wehrmacht sur le canal de l'Ailette est élevé en deux jours de combat (5 et 6 juin 1940) contre la 87e DIA : 1 800 morts, 4 500 blessés et 300 prisonniers allemands !

Les Allemands n'oublieront pas la résistance héroïque de la 87e DIA sur l'Ailette ; l'armistice signé, ils tiendront à rencontrer son chef sur la ligne de démarcation pour le féliciter ! Parmi les héros de la 87e DIA se trouvent l'adjudant Alphonse Raymond (18e RTA) et le lieutenant Raymond Sinturel (17e RTA), qui sera tué le 5 juin 1940. Le premier est le grand-père maternel de Philippe Lamarque, auteur et historien bien connu pour ses excellents ouvrages. Le second est son oncle.

*

* *

Sur le front de l'Aisne, la résistance acharnée des troupes françaises à Stonne a permis de constituer un front défensif cohérent de Château-Porcien, au nord de Reims, à Stenay, au nord de Verdun, couvrant ainsi la ligne Maginot sur son flanc gauche. Pour rompre cette ligne défensive de 80 kilomètres, la Wehrmacht est contrainte d'engager d'importantes troupes et moyens matériels. Début juin, elle concentre sur cette partie du front français 19 divisions d'infanterie et 4 Panzerdivision, dont l'ensemble représente 400 000 soldats et 954 chars. L'armée française, saignée à blanc après la première phase de la campagne de l'Ouest en mai, ne peut opposer sur cette partie du front que 8 divisions d'infanterie, le groupement blindé Buisson et 5 bataillons de chars de combat, soit 152 000 soldats et 353 chars.

Le 31 mai, après avoir repoussé tous les assauts allemands à Rethel, la 14e DI du général de Lattre de Tassigny se décale à droite pour défendre, toujours sur l'Aisne, un front d'environ 15 kilomètres de Thugny-Trugny à Attigny. Avec seulement 18 000 hommes, le général de Lattre doit affronter 3 divisions allemandes d'infanterie (73e, 86e et 82e DI) du 23e corps d'armée du général Schubert, totalisant 54 000 soldats.

Le 9 juin, après avoir contenu l'assaut des troupes allemandes, la 14e DI contre-attaque, soutenue par quelques chars R35 du 3e BCC. Les Allemands sont partout repoussés. Un combattant allemand témoigne : « On ne peut percer vers l'avant. Chaque mouvement est exposé au tir concentré des mitrailleuses et des mortiers français. On a surtout à souffrir du tir des fusiliers ennemis perchés dans les arbres[1]. » Les pertes françaises sont réduites alors que celles de l'adversaire sont particulièrement lourdes, avec notamment 1 800 tués et 1 200 prisonniers allemands.

Malgré cet échec sanglant, le 23e corps d'armée de la Wehrmacht reprend son attaque contre la 14e DI française le 10 juin. Les fantassins allemands parviennent, malgré de très lourdes pertes, à prendre pied sur la rive sud de l'Aisne, mais sont rapidement bloqués par les tirs des mitrailleuses françaises. Les soldats français contre-attaquent rapidement, repoussent les assaillants en faisant une centaine de prisonniers. Des éléments du 21e BCP (bataillon de chasseurs portés), avec l'aide de 3 chars R35 du 3e BCC, terminent de nettoyer le secteur. À 10 h 30, l'attaque allemande est brisée, toutes les unités de la Wehrmacht qui avaient passé le fleuve sont ramenées sur la rive nord. Dans la région de

1. *Archives militaires allemandes, Fribourg-en-Brisgau.*

Givry, le 35e RI a également parfaitement défendu sa position par des contre-attaques puissantes et efficaces. La 3e compagnie du 35e RI perd seulement 10 hommes pour la mise hors de combat de 70 soldats allemands. Durant toute la journée du 10 juin, comme la veille, la 14e DI a parfaitement rempli sa mission, malgré l'écrasante supériorité numérique de l'adversaire. Le 23e corps d'armée allemand a subi un échec complet.

À droite de la 14e DI, la 36e division d'infanterie du général Aublet lutte avec la même fougue. C'est une unité constituée dans le Sud-Ouest, où se retrouvent Basques, Béarnais, Bordelais, Charentais et Toulousains. Depuis le 18 mai, elle a repoussé tous les assauts allemands sur le front Attigny-Voncq-Le Chesne, sur le canal des Ardennes, parallèle à l'Aisne. La division du général Aublet doit couvrir un front de 20 kilomètres et faire face à 3 divisions allemandes (26e, 10e DI et division SS-Polizei). Le rapport des forces est de 54 000 soldats allemands contre 18 000 soldats français !

Le dimanche 9 juin, à 4 heures du matin, l'artillerie allemande se déchaîne : canons de 105 mm et 150 mm, mortiers, obus percutants, fusants et fumigènes déversent un déluge de feu sur les positions de la 36e DI. Les liaisons par fil sont coupées. Par groupe d'une dizaine, les bombardiers ennemis lâchent leurs bombes sur les villages, les carrefours, les batteries. À 7 heures, après trois heures de bombardement intensif, les 39e et 78e régiments allemands d'infanterie, cachés par un très dense brouillard artificiel, traversent le canal, dont les biefs sont presque à sec, et attaquent les positions du 1er bataillon français du 57e RI. Sans se soucier des pertes, l'assaillant se rue sur le bois de la Brouille et sur Voncq. Les 1re et 2e compagnies, qui se trouvent en plein axe de l'attaque, se font massacrer sur place. Le lieutenant Cordes, commandant de la 2e compagnie, est abattu à bout portant, parce qu'il refuse de se rendre.

En quelques heures, les 26e et 10e divisions allemandes d'infanterie semblent avoir créé une situation particulièrement dangereuse pour la 36e DI : un bataillon du 57e RI à peu près détruit, tête de pont sur la rive gauche de l'Aisne, pénétration de 10 kilomètres et irruption à l'intérieur de la zone de déploiement de l'artillerie dans la région de Vandy, où les servants se battent au mousqueton, tandis que leur commandant de groupe est blessé. Et, pourtant, la situation va se transformer radicalement grâce à la rapidité de réaction du général Aublet. Successivement, 2 compagnies du 4e bataillon de chars de combat (26 chars FCM 36) et divers éléments du 5e régiment d'infanterie coloniale mixte sénégalais (RICMS) sont mis à la disposition du 57e RI. Pendant deux jours, le 57e RI, appuyé par les 2 compagnies de chars (capitaine Dayras et lieutenant Ledrappier) et les tirailleurs sénégalais du 5e RICMS, va remporter un succès éclatant.

Le 9 juin au soir, la situation de la 36e DI s'est rétablie. La poche de Vandy est nettoyée, Voncq est réoccupé, le 39e régiment allemand d'infanterie, ayant franchi l'Aisne, est obligé de se recroqueviller dans une toute petite tête de pont. Le plan allemand prévoyant de faire déboucher les 6e et

8e Panzerdivision, après la percée effectuée par 3 divisions d'infanterie (26e, 10e et SS-Polizei), se solde par un échec total. Le 78e régiment allemand d'infanterie, engagé contre le 57e RI, a subi des pertes considérables en deux jours : 1 500 soldats allemands tués ou blessés, sans oublier 700 prisonniers. Les 3 divisions allemandes engagées totalisent 6 000 hommes hors de combat (tués, blessés, prisonniers), contre 2 000 à la 36e DI.

Devant l'énergique résistance des 14e et 36e divisions d'infanterie, le général Guderian décide de transférer à l'ouest de Rethel, dans le secteur de Château-Porcien, tout son groupement blindé, hommage involontaire rendu à 2 divisions françaises qui ont su ne pas plier et exécuter la mission « tenir sur place sans esprit de recul ». L'adversaire a lui-même salué l'héroïque résistance des troupes françaises à Voncq. Un article du *Deutsche Allgemeine Zeitung*, du 28 février 1941, le souligne :

> Malgré la vigueur des attaques, les défenseurs de Voncq, appuyés par un tonnerre d'artillerie, n'ont cédé le terrain que pas à pas, et une contre-attaque avec des chars qui vomissaient la mort a obligé nos troupes à reculer. L'attaque de nos fantassins ayant échoué le 9 juin, l'affaire dut être confiée, le 10, à la division d'élite SS-Polizei. Malgré nos violentes attaques, nous n'avons pu enfoncer la solide division française qui s'est repliée que lorsque le front fut percé plus

à l'ouest, à Château-Porcien, par plusieurs divisions blindées[1].

Du 13 mai au 11 juin 1940, la 6e division d'infanterie nord-africaine (DINA) repousse tous les assauts des 71e et 269e divisions allemandes d'infanterie, sur le front de Carignan-Inor-Stenay. Charnière des armées du Nord et de Lorraine, la 6e DINA couvre l'aile gauche de la ligne Maginot. Cette unité d'élite groupe 2 régiments de tirailleurs, le 9e Marocains et le 21e Algériens, et le 11e régiment de la Légion étrangère.

La position clé de la 6e DINA devient un nouveau Verdun. Des duels d'artillerie d'une violence inouïe ravagent villages, bois, mamelons, et transforment le terrain en un effroyable chaos. Près d'un mois de luttes acharnées, durant lesquelles chaque mètre du sol sera défendu pied à pied, perdu puis reconquis : chaque village, chaque hameau, chaque bois, chaque boqueteau sera attaqué puis contre-attaqué. C'est un enfer sans répit, aggravé par la puissance accrue de l'artillerie et la présence continuelle des bombardiers allemands.

La 6e DINA résiste aux assauts furieux. Mieux, elle lance des contre-attaques victorieuses. À l'ouest de Montmédy, elle se bat autour des villages d'Inor et de Nendant. Le capitaine de Closmadeuc, qui commande le 2e bataillon du 11e régiment de la Légion, trouve une mort héroïque lors d'une contre-attaque à la baïonnette. Les canons allemands de 150 et 280 mm se déchaînent sur les positions

1. Ibid.

françaises. Le 21e RTA perd en une seule journée 12 officiers et plus de 500 sous-officiers et tirailleurs.

À droite de la 6e DINA, la 3e division d'infanterie coloniale, la 3e division d'infanterie nord-africaine et la 51e division d'infanterie luttent avec la même fougue. Durant plus d'un mois, du 10 mai au 14 juin 1940, ces 3 divisions françaises repoussent les assauts de 5 divisions allemandes d'infanterie (183e, 212e, 68e, 76e et 16e DI) : 51 000 soldats français contre 90 000 soldats allemands ! Attaques et contre-attaques se succèdent dans les deux camps, au nord de Verdun, où s'illustrent également les 43e et 29e bataillons français de chars de combat.

Au nord-ouest de Reims, les 44e, 45e et 42e divisions françaises d'infanterie, formant le 7e corps d'armée du général de La Porthe du Theil, sont attaquées le 9 juin 1940 par les 5e, 205e, 15e, 34e et 45e divisions allemandes d'infanterie : 72 000 soldats français contre 90 000 soldats allemands. Les assauts allemands sont partout repoussés avec de lourdes pertes pour la Wehrmacht. Devant une résistance française aussi acharnée, le commandement allemand décide de déplacer de Péronne les 3e, 4e, 9e et 10e Panzerdivision pour venir épauler les 5 divisions allemandes d'infanterie en difficulté contre le 7e corps d'armée français. Le 10 juin, soutenues par environ 800 panzers, les 5 DI allemandes, tenues en échec la veille, peuvent enfin percer les lignes françaises, après des combats acharnés, où les 3 DI françaises ne peuvent opposer qu'une quinzaine de chars de la 1re compagnie du 42e BCC.

Dans le secteur de Château-Porcien et Rethel, les 10e et 2e DI françaises sont assaillies, les 9 et

10 juin 1940, par 6 DI allemandes (3e, 23e, 52e, 17e, 21e et 260e), soutenues par les 1re, 2e, 6e, 8e Panzerdivision et les 29e et 20e divisions motorisées, soit un total de 36 000 soldats français opposés à 200 000 soldats allemands, appuyés par 954 chars du général Guderian. Les troupes françaises accomplissent le miracle de repousser tous les assauts allemands le 9 juin, mais le 10 les positions sont finalement enfoncées, devant l'écrasante supériorité numérique et matérielle de l'assaillant.

Les 10 et 11 juin 1940, le groupement blindé Bussion (3e division cuirassée, 7e division légère mécanisée, 3e division d'infanterie motorisée), réduit à 160 chars (dont seulement 30 B1 bis), tente de s'opposer à la percée des 4 Panzerdivision de Guderian (954 chars). De violents combats se déroulent près de Juniville et Perthes. La 1re Panzerdivision est même bousculée pour un temps. Si les chars B1 bis causent de « lourdes pertes aux panzers » (Guderian en a ainsi témoigné), ils ne peuvent changer le cours de la bataille. Les pertes allemandes s'élèvent à une centaine de chars hors de combat (détruits ou endommagés) et à une cinquantaine du côté français. Le groupement Buisson s'oppose de nouveau aux tanks allemands le 12 juin, et le 41e bataillon de chars de combat est pratiquement anéanti près de Vadenay, où son commandant, le capitaine Louis Cornet, est tué.

Plus à l'ouest, le groupement blindé allemand von Kleist espère voir tomber Reims et Châlons-sur-Marne rapidement, mais l'avance des panzers ne s'effectue pas dans les conditions prévues car, malgré l'épuisement et leurs effectifs qui fondent de jour en jour, les divisions françaises se battent comme des lions. Les carnets du général Halder trahissent les contrariétés du chef d'état-major de la Wehrmacht : « Les espoirs que l'on avait de crever rapidement le front sont déçus. Guderian piétine encore et, dans la nuit, un message de lui insistait sur le fait qu'il a plusieurs divisions françaises en face de lui. Parmi ces divisions, il y en a au moins 3 que Guderian prétendait avoir détruites la veille[1]... »

*

* *

Le 12 juin 1940, la situation de l'armée française repliée sur la Seine et la Marne est la suivante : des 30 divisions qui existent encore sur le papier, 11 ne possèdent plus que 50 % de leurs effectifs, 13 sont réduites à 25 % et les autres ne sont plus que des « débris ». Les Allemands peuvent encore engager une centaine de divisions bien équipées et aux effectifs complets. Près de 40 divisions allemandes ont subi de très lourdes pertes sur la Somme, l'Ailette et l'Aisne.

Le 13 juin 1940 au soir, les 3 armées françaises (3e du général Condé, 5e du général Bourret et 8e du général Laure) défendant la Lorraine, l'Alsace et les Vosges sont menacées d'encerclement, après la percée du groupe d'armées A du général von Rundstedt sur le front de l'Aisne.

Le général von Witzelben, commandant de la 1re armée allemande, en profite pour déclencher une

1. Ibid.

puissante offensive (nom de code Tiger) dans le secteur fortifié de la Sarre, sur un front d'une trentaine de kilomètres, entre Saint-Avold et Sarralbe, en Moselle. Ce secteur de la ligne Maginot, moins fortifié que ceux de Faulquemont et de Rohrbach, est défendu par 2 régiments de mitrailleurs coloniaux (41e et 51e) et 4 régiments d'infanterie de forteresse (69e, 82e, 174e et 133e), soit 18 000 hommes, soutenus par 114 pièces d'artillerie. L'ensemble est placé sous les ordres du général Hubert et des colonels Dagnan et Maurer.

L'offensive allemande Tiger engage 6 divisions d'infanterie en premier échelon (258e, 93e, 268e, 76e, 60e et 252e), représentant 155 000 hommes, appuyés par 1 100 canons. La plus forte concentration d'artillerie enregistrée depuis le début de la guerre. L'appui de la Luftwaffe (300 bombardiers stukas ou Heinkel) doit compléter l'effet des bombardements des batteries. Les canons antichars sont chargés d'aveugler les créneaux des casemates.

Si le nombre des blockhaus est plus grand qu'à Sedan, le secteur fortifié de la Sarre ne représente en rien une muraille de béton et d'acier. On compte une cinquantaine de casemates de taille moyenne, une centaine de petits blocs et une cinquantaine de tourelles. Plusieurs zones sont inondées. La région est en partie vallonnée et boisée.

Dès 6 heures du matin, le 14 juin, l'artillerie allemande écrase les positions françaises. Durant trois heures, les soldats français subissent un déluge de feu comparable à celui de Verdun en 1916. À partir de 9 heures, les divisions allemandes s'élancent à l'assaut. L'objectif principal de la Wehrmacht est d'atteindre au plus vite la ligne principale de résistance, pour tenter de percer. Les troupes d'assaut doivent auparavant réduire les organisations défensives situées à l'avant. Dans les casemates non détruites, les servants des mitrailleuses sont fascinés par le spectacle de l'ennemi montant à l'assaut, poitrine offerte, persuadé que le terrible bombardement a neutralisé les défenses françaises. Le terrain, labouré par les obus, offre par endroits un spectacle lunaire. À 500 mètres, les mitrailleuses des défenseurs déclenchent leur tir sur les premières vagues qui se disloquent en quelques instants, tandis que l'artillerie française cause de lourdes pertes sur les arrières.

Il suffit de lire le journal de guerre du 222e régiment allemand d'infanterie, rédigé par le colonel Horst von Wolff, pour se faire une idée de l'échec essuyé par la Wehrmacht sur le front de la Sarre le 14 juin 1940 :

> 6 h 30 : début du tir de notre artillerie et contre-batterie française immédiate.
>
> 9 heures : les troupes d'assaut sont bloquées sur place par le violent tir des mitrailleuses venant de la lisière nord de Puttelange, des bunkers de la zone inondée et des positions de la cote 248. Les pertes sont importantes.
>
> 9 h 15 : la 7e compagnie atteint la rive du Hostebach à gauche de la 6e, mais elles sont arrêtées toutes les deux par le feu de l'artillerie et le tir incessant des mitrailleuses.

10 heures : avance stoppée en direction de la fourche routière nord de Puttelange par le feu d'un bunker.

10 h 35 : tir de notre artillerie sans effet. L'avance des troupes d'assaut de réserve est arrêtée en raison du feu intense des bunkers français.

11 h 30 : le tir français d'artillerie sur la cote 243 devient plus violent. Ordre d'évacuer la pente sud 243 en emportant blessés, armes et matériel.

11 h 40 : les 6e et 7e compagnies s'enterrent sur la cote 243 et sur la pente nord. Pertes importantes.

13 h 45 : le tir d'artillerie et l'appui du 2e bataillon sont restés sans effet. La troupe est arrêtée et subit des pertes.

14 heures : attaque à gauche de la sortie ouest de Puttelange, mais un violent tir de mitrailleuses l'arrête à la lisière nord de la ville.

15 heures : l'artillerie semble utiliser du gros calibre.

15 h 15 : le tir français ne faiblit pas. Les éléments antichars des compagnies avancées sont hors de combat ou réduits au silence faute de munitions, qui ne peuvent être apportées en raison de la densité du feu adverse. Tous les bunkers français situés sur le front du régiment tirent sans

> arrêt. Les pertes sont lourdes. L'attaque doit être finalement arrêtée[1].

L'offensive Tiger coûte, en un seul jour, 1 200 tués et 4 000 blessés aux 6 divisions allemandes engagées, contre 679 tués et 1 800 blessés aux 6 régiments français défendant le secteur. Cette victoire française reste cependant sans lendemain. L'écroulement du front de l'Aisne oblige les forces françaises de Moselle, menacées d'un encerclement par l'ouest, d'évacuer leurs positions. L'ordre de repli est exécuté la nuit suivante.

Devant Verdun, la 3e division d'infanterie coloniale (DIC), réduite à 2 régiments au lieu des 3 théoriques, se retrouve dans les tranchées et les trous d'obus de la guerre 14-18, sur la cote 340, le Mort-Homme et Régneuville. Elle fait face à 3 divisions allemandes d'infanterie (36e, 299e et 76e) : soit 6 000 coloniaux français opposés à 45 000 fantassins allemands ! Malgré la disproportion des forces en présence, les coloniaux tiennent durant deux jours. Du 13 au 14 juin, ils repoussent tous les assauts et contre-attaquent même à la baïonnette. Les Allemands laissent un millier de soldats sur le terrain (tués ou blessés) contre 800 du côté français. Un certain François Mitterrand, sergent au 23e régiment d'infanterie coloniale (RIC), unité rattachée à la 3e DIC, va être gravement blessé lors de ces terribles combats. Le 23e RIC compte à lui seul 183 tués et le triple de blessés. Les survivants n'ont rien mangé depuis trente-six heures.

---

1. Ibid.

Depuis le 14 juin, le groupe d'armées du général von Rundstedt commence sa course à la frontière suisse. La 1re Panzerdivision perce en direction de Saint-Dizier, se hâtant vers l'est. Le char lourd B1 bis « Beaune » du lieutenant Adhelmans, rescapé du groupement Buisson, bloque toute une journée l'avant-garde de la 1re Panzerdivision ! Les 3e, 5e et 8e armées françaises doivent descendre très vite vers le sud pour échapper au mouvement de faux. Mais les troupes de forteresse manquent de mobilité, de moyens de transport. Les équipages sabotent, la rage au cœur, certains ouvrages de la ligne Maginot. Près d'un demi-million d'hommes se trouvent isolés dans l'Est. Ils n'ont que 306 chars légers, dont 126 surannés Renault FT17, à opposer aux 900 blindés allemands engagés.

Du 17 au 19 juin 1940, 6 corps d'armée français sur le front de la Meuse et du canal de la Marne au Rhin livrent bataille aux 1re et 16e armées allemandes. La lutte est acharnée, désespérée. Sur un front de 80 kilomètres, les fantassins se cramponnent aux berges, les derniers chars contre-attaquent. Légionnaires, coloniaux, tirailleurs, grenadiers polonais, soldats des troupes de forteresse luttent au coude à coude. Ces hommes n'ont pas entendu l'appel lancé par le général de Gaulle, le 18 juin, et pourtant ils se battent et meurent par centaines. Rien que le 18, on compte 1 100 morts du côté français, le double chez les Allemands.

La lecture du journal de marche de la 60e division allemande d'infanterie, engagée contre le 133e régiment d'infanterie de forteresse, nous donne une idée précise de la résistance des troupes françaises :

> 18 juin, l'attaque d'un autre bataillon ne permet pas de poursuivre l'avance en raison de la supériorité du feu ennemi. 14 h 30, des éléments avancés vers Réchicourt doivent être repliés avec des pertes, du fait d'une contre-attaque française. 16 h 15, l'escadron cycliste reçoit l'ordre d'attaquer sur Réchicourt et Blamont. La mission ne peut être remplie en raison d'une forte défense ennemie. 17 heures, la traversée de Réchicourt et du bois de Ketzing, qui sont toujours tenus par des éléments ennemis, provoque de nouvelles pertes. 21 heures, un de nos régiments, le 244e, avec 2 bataillons en ligne, est bloqué sur les pentes de Réchicourt. Les Français continuent à se battre dans la forêt, de ce fait, nos pertes sont élevées[1].

La vigoureuse défense opposée aux 2 armées allemandes (1re et 16e) par les fantassins français ne permet pas aux assaillants de pousser aussi loin qu'ils l'avaient envisagé. Le général allemand von Schobert, commandant du 7e corps d'armée, le reconnaît en écrivant : « Après l'usure des combats sans relève de mai-juin dans les Ardennes, après huit nuits de retraites effectuées dans les pires conditions, je ne croyais pas les Français capables d'une telle résistance[2]. »

---

1. Ibid.

2. Ibid.

L'hommage aux troupes françaises du front de la Meuse et du canal de la Marne au Rhin est également contenu dans cette phrase du général allemand Loch, commandant la 71e division d'infanterie : « Les Français se sont défendus avec vaillance, même lorsqu'il n'y avait plus aucune issue pour eux[1]. »

Le 15 juin 1940, 7 divisions allemandes d'infanterie (557e, 218e, 221e, 239e, 556e, 213e et 554e) tentent de traverser le Rhin entre Rhinau et Neuf-Brisach, sur un front de 30 kilomètres, défendu par l'unique 104e division d'infanterie de forteresse (DIF). L'organisation défensive comprend une ligne de casemates doubles espacées de 500 à 1 000 mètres avec, entre ces casemates, des petits blocs Garchery équipés d'armes légères. On compte également une série de points d'appui, qui complètent l'organisation. Les casemates doubles comptent chacune un jumelage de mitrailleuses et un canon de 37 mm, ainsi qu'une cloche de guetteur en acier de 150 mm d'épaisseur. Le bloc Garchery est armé de deux fusils-mitrailleurs et d'une mitrailleuse. La 104e DIF du général Cousse, où servent de nombreux Alsaciens, se compose des 42e et 28e RIF, chacun à 2 bataillons, du 242e RIF, à 3 bataillons, et d'un groupe du 170e régiment d'artillerie. En outre, elle a 5 compagnies d'ouvrages et se trouve renforcée par la 5e demi-brigade de chasseurs pyrénéens (9e et 10e bataillons). L'ensemble représente moins

1. Ibid.

de 10 000 hommes, faisant face à 90 000 soldats allemands des 7 divisions d'infanterie déjà citées.

Le terrain n'est pas favorable à la défense du côté français : il est plat, coupé de bouquets d'arbres. En bordure du Rhin, la forêt est haute mais pénétrable pour une infanterie manœuvrière. Du côté allemand, les hauteurs dominent le fleuve, favorisant l'observation, et les boqueteaux, le long des berges, permettent le camouflage et la préparation d'une traversée éventuelle. Le général allemand Dollmann, à la tête de cette opération, a prévu pour la traversée du Rhin 250 canots d'assaut, 900 radeaux pneumatiques, ainsi que du matériel de pontage. Les canons de DCA et de campagne sont préparés pour l'exécution des tirs directs sur les embrasures des casemates.

Le 15 juin, à 9 heures, le temps est couvert et brumeux. La Luftwaffe ne peut intervenir, mais l'artillerie pilonne les casemates de la rive ouest. Le béton s'émiette parfois, les fentes des créneaux sont aveuglées, les coupoles retentissent du sourd martèlement des obus. Puis les premiers détachements allemands franchissent le fleuve en divers endroits, la 221e DI en partant de Limburg, la 239e DI de Jägerhof. En revanche, vers Schoenau, la 218e DI subit un échec notable ; il en est de même à Brisach, où la 554e DI voit ses canots détruits et renonce provisoirement à l'opération. Au nord, ce qui était à l'origine une opération de diversion réussit pleinement : à 14 heures, des éléments de la 557e DI installent une tête de pont à Rhinau.

Les ouvrages de berge sont pris à partie par des canons antichars de 37 et 88 mm. De nombreux coups d'embrasure neutralisent les canons et les instruments d'observation français. Des petites têtes de pont conquises, les Allemands traversent la forêt du Rhin. Des contre-attaques seraient suffisantes pour les rejeter. Les groupes francs des bataillons essaient localement d'y parvenir. Ainsi, au 1er bataillon du 23e RIF, trois actions d'assaut réussissent, grâce à l'élan des fantassins, à reprendre la casemate du fort Mortier et à dégager le village de Vogelgrun.

Des défenseurs des petits blocs Garchery, se sentant dominés, combattent à l'air libre, se jettent dans la forêt, où ils harcèlent les Allemands, grimpent aux arbres et causent à l'adversaire des pertes importantes. L'avance de la Wehrmacht ne se fait pas l'arme à la bretelle : on compte dans les rangs allemands 766 tués, 2 567 blessés et 117 disparus ! Le général Dollmann ne tarit pas d'éloges sur « la belle attitude des troupes françaises et l'admirable résistance opposée à ses unités[1] ».

Ainsi, bien qu'encerclée, la ligne Maginot demeure invaincue au soir du 25 juin 1940. À l'ouest de la Moselle, c'est le cas des secteurs fortifiés de la Crusnes et de Thionville ; entre la Moselle et la brèche ouverte en Sarre, les secteurs fortifiés de Boulay et de Faulquemont tiennent toujours ; entre la Sarre et la brèche ouverte entre Dambach et Lembach, le secteur fortifié de Rohrbach et l'aile gauche du secteur fortifié des Vosges sont également invaincus ; il en va de même, de Lembach au Rhin, sur l'aile droite du secteur fortifié des Vosges

1. Ibid.

et le secteur fortifié d'Haguenau : 45 ouvrages sur 53 résistent toujours le 25 juin. Les Allemands ont subi de lourdes pertes en voulant s'emparer de ces positions fortifiées. Blessé mortellement par les tirs de flanquement du Mottenberg le 21 juin, le colonel allemand von Lichtenstern, commandant le 339e RI, est évacué par ses soldats sur le poste de secours le plus proche.

Les communications téléphoniques avec la ligne Maginot sont coupées et si l'ordre de cessez-le-feu transmis par radio a bien été noté, les commandants des secteurs fortifiés, se considérant invaincus, refusent d'évacuer les ouvrages le 25 juin. Ainsi, par exemple, le colonel Raoul Cochinard, chef du secteur fortifié de Boulay, éconduit le colonel Hoffman qui se présente en parlementaire au fort d'Anzeling. De Montauban, où il a replié son QG, le général Georges doit envoyer des émissaires pour porter l'ordre d'évacuation aux commandants des ouvrages. L'affaire se prolonge, malgré les vives protestations du commandement allemand, qui exige une reddition immédiate. La menace n'est pas vaine. Si la ligne Maginot refuse de se rendre, le général allemand von Stülpnagel menace de rompre l'armistice et de lancer les Panzerdivision en direction de Marseille et de Toulon. Le général français Huntziger ne peut courir un tel risque et, le 29 juin, il se résout à signer un ordre demandant la reddition immédiate de la ligne Maginot. Il faudra pourtant encore attendre les 4 et 7 juillet 1940 avant que la Wehrmacht ne fasse son entrée dans les ouvrages qui l'ont défiée si longtemps.

Ainsi, comme l'écrit Jean-Pascal Soudagne, la ligne Maginot est restée invaincue : « Il est donc inexact de prétendre que la ligne Maginot n'a servi à rien[1]. » En parvenant à repousser les assauts venant de tous les côtés, elle est restée fidèle à sa mission défensive.

*

* *

Le 18 juin 1940, le colonel Michon, commandant de l'école militaire de cavalerie de Saumur, reçoit l'ordre de s'opposer à la progression des troupes allemandes, sur 40 kilomètres du fleuve de la Loire, entre Montsoreau et Le Thoureil. Il a sous ses ordres 550 élèves aspirants de cavalerie et 240 du train des équipages, soit en tout 790 élèves militaires. On compte également 360 soldats de divers centres d'instruction de la région aux ordres du capitaine de Cadignan, un groupe de 80 hommes commandés par le capitaine de Montclos, une compagnie de 200 fantassins et mitrailleurs du 13e régiment de tirailleurs algériens, une poignée de cavaliers du 19e régiment de dragons, le groupe franc motorisé du capitaine de Neuchèze, l'escadron de reconnaissance du capitaine Gobbe, 1 bataillon d'infanterie (350 hommes) de l'école d'infanterie de Saint-Maixent, soit un total d'environ 2 200 hommes. L'armement, outre les armes individuelles, repose sur 132 fusils-mitrailleurs,

1. *Jean-Pascal Soudagne,* La Ligne Maginot, *éditions Ouest-France, 2004.*

35 mitrailleuses, 10 canons antichars de 25 mm et 3 de 37 mm, 15 mortiers de 60 mm ou 81 mm, 5 canons de 75 mm, 8 chenillettes Renault de ravitaillement, une dizaine d'automitrailleuses White-Laffly ou Panhard, 8 chars Hotchkiss H39 et 6 chars ACG1. Certaines de ces armes, réservées à l'instruction, sont usées par des années de service. C'est notamment le cas des canons de 75 mm. Divers points d'appui, tenus par des effectifs allant de 80 à 145 hommes, défendent ce front de 40 kilomètres.

Le colonel Daniel Michon, chargé de la défense du fleuve, est un brillant combattant de la guerre 14-18. Jeune officier aux chasseurs d'Afrique, il s'est également distingué aux confins du Maroc en 1907. Bien que cavalier, il se porte volontaire pour l'infanterie en 1915 qui, décimée par les assauts suicidaires de l'été 1914, recrute dans toutes les armes. Il se trouve à Saint-Mihiel avec le 106e régiment d'infanterie. En décembre, il est grièvement blessé dans la tranchée de Calonne. Il reste deux jours sous les cadavres, passé pour mort. Il en réchappe de peu. Infirme de longs mois, ses blessures le font souffrir en permanence, d'où la raideur de sa démarche.

Devenu commandant de l'École de cavalerie de Saumur, le colonel Michon aime faire la visite guidée du musée à ses élèves. Il s'arrête devant chaque vitrine, commente chaque souvenir, du sabre du général Lasalle au burnous de Bournazel, en passant par les cuirasses percées des colonels de Lacarre et de Beaune, vénérables reliques de la célèbre charge de Reichshoffen en 1870. Il trouve toujours les mots justes pour galvaniser la jeunesse. Il termine souvent par cette phrase sans appel :

« Vous êtes, Messieurs, une génération de sacrifiés. Demain, vous serez tous morts[1] ! »

L'ordre de bataille allemand, chargé d'enfoncer les positions des cadets de Saumur, repose sur la 1re division allemande de cavalerie, recrutée en Prusse-Orientale et placée sous les ordres du général Feldt, chef énergique qui a perdu deux fils, officiers depuis le début de la guerre, l'un en Pologne en septembre 1939, l'autre sur la Somme en juin 1940. L'unique et dernière division de cavalerie du Reich se trouve ainsi devant Saumur, le haut lieu de la cavalerie française. Cavaliers allemands et français sont face à face. Cette division allemande est cependant en partie motorisée. Les 1er, 2e et 22e régiments à cheval sont soutenus par le 1er régiment d'artillerie, 2 bataillons d'infanterie cycliste, le 670e groupe antichar équipé de blindés Skoda 47, 1 groupe d'automitrailleuses. Outre cette division de cavalerie, le commandement allemand engage la 1re division d'infanterie du général Kleffel et une partie de la 11e division d'infanterie du général von Böckmann, unités d'active recrutées en Prusse-Orientale. Ces 2 divisions disposent chacune de 3 régiments d'infanterie, de 1 régiment d'artillerie, de 1 groupe de reconnaissance et de 1 bataillon antichar équipé de blindés.

---

1. *Cité par Patrick de Gmeline,* Les Cadets de Saumur, juin 1940, *Les Presses de la Cité, 1993. Lire également Henri d'Helloy, Christian Bigaré, Georges-Antoine Chresteil,* Saumur, juin 1940, combats pour l'honneur, *publication de l'École d'application de l'arme blindée et de la cavalerie, Saumur, 1990.*

L'ensemble des 3 divisions allemandes représente 40 000 hommes, appuyés par 150 blindés (automitrailleuses et canons automoteurs) et 300 pièces d'artillerie de divers calibres. Sans oublier l'intervention de la Luftwaffe, avec notamment les avions d'assaut stukas.

Les troupes françaises, dépourvues de toute couverture aérienne, se limitent à 2 200 soldats, 24 blindés (automitrailleuses et chars légers), 5 canons de 75 mm, dont 2, si vétustes, que le commandement hésite à les utiliser le 14 juillet pour des tirs à blanc ! Ajoutons 13 canons antichars et 15 mortiers. Une force dérisoire face aux 3 divisions allemandes.

Or, malgré la disparité des forces en présence, les unités françaises contiennent les assauts allemands durant trois jours, du 18 au 20 juin 1940. Près de 300 citations sont décernées à l'École de cavalerie de Saumur, et 34 à celle d'infanterie de Saint-Maixent.

L'article du *Deutsche Allgemeine Zeitung* du 24 juin 1940 rend ainsi hommage à la bravoure des défenseurs français de Gennes et de Saumur :

> Les aspirants et élèves officiers de l'École française de cavalerie se défendirent avec ténacité et luttèrent désespérément avec leurs mitrailleuses, canons antichars et mortiers. Leur situation était sans issue, les éléments à leur droite et à leur gauche ayant été enfoncés. Même le tir de l'artillerie allemande n'a pu réussir à briser la très héroïque résistance des cavaliers français, à laquelle nous, leurs adversaires,

> rendons hommage. Dès que notre artillerie se taisait, les mitrailleuses françaises se remettaient en action, retardant ainsi considérablement le franchissement du fleuve, sans toutefois l'interdire dans sa totalité. Après que les Allemands ont gagné des têtes de pont immédiatement à l'ouest de Saumur, et à une douzaine de kilomètres à l'est, les Français évacuèrent la ville. Quoi qu'il en soit, la vaillance des élèves de l'École de cavalerie de Saumur, s'accrochant dans une situation sans espoir, restera un acte glorieux, auquel l'armée allemande rend hommage. La qualité de cet hommage ressort d'une certaine parenté d'armes, car les attaquants allemands étaient également des cavaliers[1].

Le journaliste Jean Chédaille a obtenu le témoignage du lieutenant-colonel von Woelwarth, officier de la 1re division allemande de cavalerie :

> Lorsque nous sommes arrivés devant la Loire à Saumur, la bataille avait été engagée par les grenadiers et les motocyclistes. Les défenseurs de Saumur se battaient avec tant d'acharnement que nous avons pensé qu'ils étaient très nombreux. Nous avons mis pied à terre. Plusieurs têtes de pont étaient en cours d'élargissement. Les cavaliers français étaient à pied, eux aussi, et se

1. *Archives militaires allemandes, Fribourg-en-Brisgau.*

défendaient mètre par mètre. Si nous, nous étions là aussi, c'est que le commandement avait décidé qu'il revenait à notre division de cavalerie d'investir et de s'emparer de la légendaire école de Saumur. Nous avons commencé par penser qu'il s'agissait d'un baroud d'honneur, mais devant l'acharnement des Français, nous avons compris que c'était une véritable bataille, et le commandement décida d'engager l'artillerie et de demander l'aviation.

À l'est de Fontevrault, quelques éléments de chez nous avaient pu passer la Loire, mais devant le pont de Saumur et celui de Gennes, le passage était impossible. Les Français tiraient à l'arme automatique de courtes rafales, mais très précises.

J'étais aux Rosiers devant l'île de Gennes. Dans la nuit, un commando de grenadiers a traversé le bras nord de la Loire. Ils s'étaient laissé silencieusement porter par le courant. Dès qu'ils ont eu mis le pied dans l'île, nous avons entendu les bruits d'un combat qui semblait très violent. Nous avons attendu pendant deux heures avant de pouvoir traverser. Nous avons vu revenir les grenadiers portant leurs blessés, et qui nous annoncèrent que l'île était remplie de défenseurs embusqués dans des trous, et qu'ils montaient à l'assaut.

Je garde de cette bataille un grand souvenir de chevalerie. Je me souviens que le lieutenant Michaël, qui fut le premier à entrer dans Saumur, et qui devait mourir en Russie, éprouvait une immense fierté d'avoir combattu les cavaliers français de Saumur. Nulle part ailleurs, je n'ai tant éprouvé un sentiment de fraternité entre cavaliers. Quelques jours plus tard, le général commandant la 1re division de cavalerie allemande décida de libérer tous ses prisonniers. C'était le résultat des négociations des instructeurs de l'École de Saumur, dont le capitaine Marzolf, alsacien d'origine, qui avait servi en 14-18 dans la cavalerie allemande, où il avait même gagné la Croix de fer.

C'est un geste de fraternité d'armes, un geste de cavalier. Je crois que les cadets l'ont apprécié.

Nous aurions été gênés de garder prisonniers ceux qui nous avaient donné une si belle démonstration de leur tradition. La même tradition que la nôtre.

C'est ainsi que quinze jours plus tard, en uniformes, encadrés par leurs officiers, sans aucun gardien allemand, les élèves de Saumur se dirigèrent à pied vers la ligne de démarcation les séparant de la zone libre.

En colonne, au pas cadencé, ils avancèrent vers la barrière que les Allemands avaient levée pour eux. Là, une section de cavaliers allemands les attendait et, pour la dernière fois, avant qu'ils s'éloignent, ils présentèrent les armes à ceux qu'ils avaient baptisés les cadets de Saumur[1].

*

* *

Du 20 au 25 juin 1940, avec seulement 215 000 hommes, 986 pièces d'artillerie et une dizaine de chars, l'armée française des Alpes et le groupement Cartier tiennent en échec 377 000 soldats allemands et italiens, pourtant soutenus par 797 blindés, 2 599 canons de campagne et l'aviation. Les Français déplorent 503 soldats hors de combat (tués, blessés, disparus ou prisonniers) contre 7 329 soldats allemands et italiens. Le relief montagneux et la Maginot alpine ont favorisé cette indéniable victoire française, souvent méconnue de nos jours.

*

* *

À en croire une légende tenace, le ciel aurait été vide d'avions français en mai-juin 1940. Rien n'est plus faux ! Du 10 mai au 25 juin 1940, la chasse française effectue 20 410 sorties et les bombardiers français 2 130. Sur 1 300 avions français engagés, 1 247 sont détruits au combat. Durant la même période, les pertes humaines des aviateurs français s'élèvent à 541 tués, 364 blessés et 105 disparus, soit un total de 1 010 hommes hors de combat, représentant 40 % des officiers et 20 % des

1. *Archives de Jean Chédaille.*

sous-officiers et non gradés. La Luftwaffe déplore également de lourdes pertes, avec 1 428 avions détruits sur 3 500 engagés. Les pertes humaines s'élèvent à 2 668 tués, 4 191 blessés et 2 923 disparus, soit un total de 9 782 aviateurs allemands hors de combat, frappant principalement les équipages des bombardiers et des avions de reconnaissance, ce qui explique l'importance des pertes humaines. Contrairement aux critiques de la propagande anglophobe du régime de Vichy, l'aviation britannique a activement participé aux combats de mai-juin 1940, en perdant 933 de ses précieux appareils, dont 400 chasseurs.

Sur les 1 428 avions allemands perdus en mai-juin 1940, 75 % sont à mettre à l'actif de l'aviation et de la DCA françaises, soit 1 071, et non seulement 400 comme certains auteurs l'affirment. Les archives militaires de la Luftwaffe de l'époque, afin de masquer l'importance de leurs pertes aériennes, indiquent de nombreux avions perdus lors « d'accidents » : pure propagande du IIIe Reich, qui a berné plusieurs auteurs français. Le colonel allemand Walter Korner, officier de la Luftwaffe, m'a personnellement dévoilé cette supercherie.

Ces chiffres démontrent que l'armée de l'air française n'a pas démérité en mai-juin 1940. Elle a notamment privé la Luftwaffe d'une supériorité numérique suffisante pour battre l'aviation britannique durant la bataille d'Angleterre, qui a suivi. À la fin de juin 1940, la Luftwaffe n'a plus que 841 bombardiers opérationnels et un peu plus de 700 chasseurs. Le 10 août 1940, à la veille d'engager la bataille aérienne décisive contre la

Grande-Bretagne, la Luftwaffe n'a pas reconstitué ses effectifs du 10 mai, ni pour la chasse ni pour les bombardements, et elle se trouve à court de pilotes.

Le 10 août 1940, l'aviation britannique peut aligner 1 095 chasseurs (374 Spitfire et 721 Hurricane), sans oublier 301 bombardiers, contre 1 223 chasseurs allemands (934 Messerschmitt BF109 et 289 Messerschmitt BF110) et 1 808 bombardiers : soit 1 396 appareils britanniques (chasseurs et bombardiers) contre 3 031 avions allemands (chasseurs et bombardiers). L'équilibre des forces en présence en chasseurs handicape fortement la Luftwaffe, qui dispose d'une supériorité numérique insuffisante pour écraser la Royal Air Force (RAF) britannique. Surtout que la RAF peut compter sur 10 000 pilotes contre seulement 3 080 pilotes allemands. De plus, la DCA britannique totalise 1 797 canons antiaériens, sans oublier un puissant système de radars performants. Avec 9 782 aviateurs hors de combat en mai-juin 1940, la Luftwaffe se trouve en grande difficulté pour affronter l'aviation britannique, disposant de trois fois plus de pilotes.

De juillet à octobre 1940, en cent vingt-trois jours de combats aériens, la Luftwaffe déplore la perte de 1 616 avions abattus, contre 1 023 appareils britanniques. Du 10 mai au 25 juin 1940, en quarante-cinq jours de combats aériens, la Luftwaffe perd 1 428 avions, contre principalement l'armée de l'air française. Chiffres à l'appui, l'aviation française a apporté une solide contribution dans la défaite allemande de la bataille d'Angleterre, sans bien entendu sous-estimer l'héroïsme des pilotes britanniques.

9

Pétain et les prisonniers français

Depuis le 14 juin 1940, le gouvernement français se trouve à Bordeaux. Le 16, l'affrontement ouvert entre partisans et adversaires de l'armistice prend une tournure décisive. Le maréchal Pétain, vice-président du Conseil, menace de démissionner si les membres du cabinet s'y opposent. Paul Reynaud, président du Conseil, qui avait envisagé le 25 mai une demande d'armistice, prend désormais le parti de poursuivre la guerre hors de la métropole aux côtés des Britanniques. Autour de cet homme en sursis se groupent le président Lebrun, Édouard Herriot (président de la Chambre des députés), Jules Jeanneney (président du Sénat), ainsi qu'une minorité de ministres et de sous-secrétaires d'État, dont Georges Mandel et le général de Gaulle.

À l'opposé, le maréchal Pétain et le général Weygand, commandant en chef, tentent de rallier à la solution d'un armistice les ministres et parlementaires présents à Bordeaux. En dehors du gouvernement, Pierre Laval et Adrien Marquet, maire de Bordeaux, prennent la défense du maréchal Pétain.

L'idée de Churchill, de Reynaud et du général de Gaulle d'une union franco-britannique est mal accueillie en Conseil des ministres. Déçu et au bord de la dépression nerveuse, Paul Reynaud donne alors sa démission. Pétain constitue aussitôt un nouveau cabinet et, à 23 heures, charge son ministre des Affaires étrangères, Paul Baudoin, de pressentir les Allemands et les Italiens. À minuit, par le canal de l'ambassadeur d'Espagne à Paris, le gouvernement français présente officiellement sa demande d'armistice.

Le 17 juin 1940, le maréchal Pétain, nouveau président du Conseil, annonce à la radio que des pourparlers d'armistice sont en cours. Il a ces mots terribles de conséquence sur le moral des troupes et de la population : « C'est le cœur brisé que je vous dis qu'il faut cesser le combat… » Ce message sonne en partie le glas de toute résistance organisée. Mais il y a plus grave : le gouvernement fait un pas de plus dans le défaitisme. Toute la nuit du 17 au 18 juin, le maire de Lyon, Édouard Herriot, téléphone et s'agite pour que sa ville soit épargnée comme Paris, alors qu'il se dit partisan de la poursuite de la guerre : « Elle n'a pas été évacuée et ne dispose que de 3 000 défenseurs[1]. » Herriot obtient satisfaction : Lyon et ses ponts ne sont pas défendus. Dans la journée du 18, le nouveau ministre de l'Intérieur, Charles Pomaret, ordonne que toute ville de plus de 20 000 habitants soit déclarée ville ouverte : « On ne devra plus se battre à l'intérieur de la ville, ni procéder dans la ville à des destructions d'aucune sorte[2]. » Comme la plupart des villes

1. *Archives militaires françaises, Vincennes.*

2. Ibid.

de plus de 20 000 habitants se trouvent près des rivières ou des fleuves, l'ordre implique de livrer les ponts intacts à l'ennemi !

Pomaret, jeune politicien opportuniste et partisan depuis longtemps de la paix avec l'Allemagne, a cédé sans peine aux pressions de notables, et le général Weygand a laissé faire. Weygand, satisfait d'avoir « sauvé l'honneur de l'armée » sur la Somme et l'Aisne, a cessé de commander depuis la mi-juin. Il n'est pas au milieu de ses troupes, il s'est fait nommer ministre de la Guerre, et la gestion de son portefeuille politique l'intéresse plus que la poursuite des opérations militaires. Au général Serrigny, proche collaborateur de Pétain, qui s'inquiète de cette situation, Weygand répond « que l'armée est actuellement scindée en trois groupements indépendants, qu'il leur a donné toute initiative et qu'il ne saurait intervenir en la matière[1] ».

« Ponce Pilate, jadis, n'aurait pas fait mieux ! » s'exclame Serrigny. Weygand se soustrait, comme Gamelin, aux responsabilités du commandement, car ce qui lui importe, c'est la conclusion de l'armistice qui permettra de reconstruire une « France régénérée », avec pour devise : « Travail, Famille, Patrie. »

Le général Georges multiplie les protestations indignées et télégraphie notamment le 22 juin : « Pour éviter dégâts villes, on favorise manœuvres ennemies en décourageant commandement local et

---

1. *Jean-Louis Crémieux-Brilhac,* Les Français de l'an 40, *Gallimard, 1990.*

troupes. Mesures prescrites par gouvernement sont incompatibles avec nécessité prolonger résistance[1]. »

Le général Olry, qui défend le front des Alpes contre l'armée italienne avec la menace de la Wehrmacht sur ses arrières, ne s'embarrasse pas de précautions, fait sauter les ponts pour entraver l'avance allemande, sauvant ainsi ses troupes d'un désastre.

Depuis l'appel de Pétain du 17 juin, des officiers allemands, accompagnés de soldats agitant des drapeaux blancs, se présentent devant les positions françaises en faisant croire que la guerre est finie. Ils annoncent que les prisonniers français pourront bientôt rentrer chez eux ! Mensonge de l'envahisseur, puisque les prisonniers français vont devoir rejoindre l'Allemagne pour occuper divers camps d'emprisonnement. Ils formeront par la suite d'excellents otages pour mieux faire plier le gouvernement de Vichy. Otages livrés en très grande partie par l'irresponsabilité de Pétain et de son entourage politique… Sur 1 500 000 soldats français prisonniers en mai-juin 1940, 1 100 000 sont capturés entre le 18 et le 25 juin 1940 !

De nombreuses troupes françaises, faisant retraite le plus souvent à pied sans munitions vers de nouvelles positions, sont rattrapées par les colonnes motorisées de la Wehrmacht et capturées. Les villes ouvertes et les ponts non détruits facilitent grandement la progression de l'armée allemande, qui capture ainsi, du 18 au 25 juin, 1 100 000 soldats français, abandonnés par un gouvernement

1. *Archives militaires françaises, Vincennes.*

irresponsable. En de nombreux endroits, l'armée française poursuit le combat jusqu'au bout, malgré la démission des politiques et d'une partie du commandement.

Depuis le discours calamiteux de Pétain du 17 juin, se battre n'a plus de sens. Une partie de la population et de l'administration se dresse même contre les militaires courageux, refusant le déshonneur.

Le maire de Montargis affronte verbalement un capitaine qui prétend organiser la défense de la ville. Appuyé par une partie des habitants, le maire se vante d'avoir « sauvé la ville » par son « autorité ». Le 18, le général Besson, commandant le groupe des armées du Centre, tente de se rétablir sur le Cher, lorsqu'il apprend que le gouvernement a ordonné aux autorités locales de ne pas défendre Bourges et de n'y faire aucune destruction. Le 19, le maire de Châteauroux, Deschizaux, fait placer des drapeaux blancs aux entrées de sa ville et, pour être certain qu'elle ne sera pas défendue, fait désarmer les soldats français qui la traversent ! Le général Frère, indigné, fait arracher les drapeaux blancs et exige que l'armée circule en armes dans la cité.

Le défaitisme est hélas contagieux. À Vierzon, un officier de char qui veut défendre les lisières de la ville est tué par la population. Le refus des civils s'étend à toutes les localités ouvrières de la Loire, de Roanne à Saint-Étienne. Le général Pagezy en rend compte :

> La défense s'est heurtée à l'attitude méfiante et parfois hostile des populations

civiles, à la lâcheté et au manque de patriotisme de certains de leurs représentants. En règle générale, chaque fois qu'un village était mis en état de défense et qu'un point d'appui y était créé, son chef recevait du maire des doléances, des plaintes et parfois des menaces. Il était manifeste que depuis que la demande d'armistice avait été annoncée, les populations ne pensaient qu'à éviter des représailles possibles ou des bombardements, sans parler de certains éléments douteux qui, en quelques occasions, ont joué le rôle de cinquième colonne.

À Roanne, le 19 juin, sur l'initiative du sous-préfet, la ville a été entourée de drapeaux blancs.

À Thizy, le point d'appui s'est rendu sans combattre à l'instigation du maire communiste. Les maires de Rive-de-Gier, de Feurs, de La Fouilleuse sont allés jusqu'à tenter de faire enlever des barricades et à menacer un commandant de point d'appui.

À Montrond, le 20 juin, une patrouille militaire a été mise par la population dans l'impossibilité de se défendre.

En même temps, j'apprenais que Saint-Étienne, « ville ouverte », n'acceptait pas que des militaires pussent traverser la ville en armes. Certains agents obligeaient les militaires à enlever leurs casques et avaient même la prétention de leur confisquer leurs armes. Triste mentalité, la population

> souhaitait notre départ au plus tôt et n'attendait que l'arrivée des Allemands ! [...] Certains habitants pêchaient à la ligne ou jouaient au ballon pendant qu'on se battait au Nord[1].

Le 19 juin, à Angers, le maire demande à l'armée française d'évacuer la ville sans combattre, ce qu'elle fait, puis rencontre les avant-gardes allemandes en leur offrant le drapeau de la mairie ! À Nantes, l'armée se prépare à faire sauter les ponts. La ville étant déclarée ville ouverte, les militaires s'insurgent, alertent le général de La Laurencie, qui prend sur lui l'ordre d'exécuter les destructions. Trop tard ! Les Allemands sont dans la ville. À Poitiers, le maire s'oppose aux mesures de défenses prescrites. Même situation à Thouars et à Loudun. À Cholet, le 21 juin, le maire et le sous-préfet sortent de la ville pour avertir un détachement allemand que deux fusils-mitrailleurs se trouvent en position contre eux ! L'armistice, demandé par Pétain et son entourage politique, est finalement signé le 22 juin 1940. Le 25 juin 1940, à 1 h 35 du matin, l'armistice entre en vigueur, et tous les combats cessent sur le sol français.

Depuis le 18 juin 1940, le général de Gaulle, réfugié à Londres, a lancé à la radio de la BBC son célèbre appel à poursuivre le combat aux côtés des Britanniques. Il est peu écouté, une grande partie des Français se trouvant sur les routes de l'exode. De plus, la majorité de la population est favorable à

1. Ibid.

la fin des hostilités. Beaucoup pensent que le maréchal Pétain, auréolé de son image de « vainqueur de Verdun » en 1916, va être un bouclier efficace contre les revendications allemandes. Le pays est surtout assommé et traumatisé par l'ampleur d'une défaite aussi rapide, alors qu'on lui a fait croire que l'armée française était la plus puissante du monde. Mais la défaite de mai-juin 1940 est-elle si honteuse ?

10

Mai-juin 1940 n'est pas une défaite honteuse pour la France

L'IMPORTANCE des pertes militaires témoigne que la campagne du 10 mai au 25 juin 1940 n'est pas une défaite honteuse pour la France, avec 183 000 soldats français hors de combat (60 000 tués et 123 000 blessés), 170 224 soldats allemands hors de combat (49 000 tués et 121 224 blessés), sans oublier 1 900 chars français et 753 chars allemands détruits, 1 247 avions français et 1 428 avions allemands détruits. En seulement quarante-cinq jours de combat, l'armée allemande a donc perdu environ 30 % de ses chars et 50 % de son aviation. Il ne s'agit en rien d'une simple promenade militaire pour la Wehrmacht. En plus des 753 chars allemands détruits, environ 300 autres sont sérieusement endommagés : soit 1 053 panzers détruits ou sérieusement endommagés sur 2 683 présents au début des opérations.

Il est significatif de constater que les pertes humaines allemandes passent de 21 000 soldats tués du 10 au 31 mai 1940 à 28 000 soldats tués du 1er au 25 juin 1940, contre une armée française qui passe d'une centaine de divisions le 10 mai 1940 à seulement une soixantaine de divisions le 5 juin 1940, sans l'appui de ses alliés hollandais, belges et en grande partie britanniques. Ainsi, presque réduite de moitié, combattant quasiment seule, l'armée française inflige de plus lourdes pertes à son adversaire allemand durant cette seconde période. Ces chiffres révèlent la lutte courageuse et tenace des soldats français, aux antipodes des clichés moqueurs de l'après-guerre.

La résistance acharnée de l'armée française sauve de la capture 403 517 soldats britanniques sur les 450 000 présents en France en mai-juin 1940, car l'évacuation de Dunkerque n'est pas l'unique opération de ce type durant cette période, plusieurs ports français permettant d'autres rembarquements, avec le sacrifice en couverture de nombreux soldats français. Ainsi, la Grande-Bretagne sauve la plus grande partie de son armée présente en France et sanctuarise son propre territoire dans l'immédiat, malgré la perte de 3 457 soldats britanniques tués et 43 026 prisonniers en mai-juin 1940. Les 403 517 soldats sauvés de la capture représentent l'essentiel de l'armée britannique en juillet 1940, comme tient à le rappeler le général anglais Brooke, chef d'état-major.

Avec la perte de 1 428 avions en mai-juin 1940, la Luftwaffe n'est pas en mesure de mettre à genoux l'aviation britannique, qui parvient à aligner 1 396 appareils le 10 août 1940, dont 1 095 chasseurs, contre 3 031 avions allemands, dont seulement 1 223 chasseurs. En mai-juin 1940, l'armée de l'air française a donc joué un rôle important dans l'échec allemand de la bataille d'Angleterre en juillet-octobre 1940, comme le souligne le général allemand Adolf Galland, un des as de la Luftwaffe. Il est d'ailleurs significatif de remarquer qu'en quarante-cinq jours de combat en mai-juin 1940, la Luftwaffe perd 1 428 avions contre 1 616 durant les cent vingt-trois jours de la bataille d'Angleterre en juillet-octobre 1940, sans oublier 2 668 aviateurs allemands tués en mai-juin 1940 contre 2 662 lors de la bataille d'Angleterre (chasseurs, bombardiers et reconnaissance).

Le sacrifice de l'armée française en mai-juin 1940 permet donc à la Grande-Bretagne de poursuivre la guerre, comme l'a reconnu Winston Churchill en personne. De la défaite de 1940, on ne retient que les 1 500 000 prisonniers militaires français, en oubliant de souligner que plus de 80 % sont capturés par la Wehrmacht entre le 18 et le 25 juin 1940, à la suite du message catastrophique du 17 juin, à la radio, du maréchal Pétain appelant à la cessation des combats, alors qu'ils vont en réalité se poursuivre pendant encore huit jours. Durant cette dernière semaine, 965 000 soldats français poursuivent cependant le combat, malgré la défection d'une partie de l'autorité militaire et politique.

Malgré une lutte à un contre trois sur le plan aérien, un commandement en grande partie dépassé par les événements, un plan militaire initial faisant le jeu de l'adversaire, avec 75 % de ses chars armés d'un canon inefficace contre 75 % des panzers, une DCA inexistante, des transmissions défaillantes, l'armée française a cependant causé de lourdes pertes à la Wehrmacht, en lui mettant hors de combat 30 % de ses blindés et environ 50 %

de ses avions. Le bouclier français a joué un rôle essentiel dans le rétablissement britannique et la poursuite de la guerre contre Hitler.

La défaite militaire française de 1940 n'est donc pas honteuse. Elle doit être évaluée sous un angle panoramique et stratégique, en évitant les clichés réducteurs. Il est vrai que la rapidité de cette défaite en six semaines a pu laisser croire que l'armée française s'était débandée. Or la guerre éclair du commandement allemand repose justement sur la défaite rapide de l'adversaire, avec l'action conjuguée des Panzerdivision et de l'aviation. De plus, les erreurs tactiques et stratégiques du commandement français ont facilité le succès de la Wehrmacht, ce qui ne remet pas en cause le courage du soldat français sur le terrain.

Bien qu'informé par son service de renseignement que la principale offensive allemande se déroulera dans les Ardennes, le général Gamelin refuse de prendre au sérieux cette information capitale et s'entête à croire que la bataille décisive doit se dérouler au nord de la Belgique. Il y engage ses meilleures unités dans un piège tendu par Hitler, disperse ses divisions de réserve au lieu de les conserver lors d'une possible contre-offensive sur les flancs de l'adversaire, laisse enfin le front de la Meuse sous la défense de divisions sous-équipées, luttant à un contre cinq. Il est le principal responsable de la défaite militaire de 1940. Mais il n'est pas le seul : les principaux politiques français refusent de voir à temps le danger du réarmement allemand, suivent la calamiteuse politique britannique d'apaisement avec Hitler de 1933 à 1938, en refusant d'intervenir militairement contre l'occupation allemande de la Rhénanie en mars 1936, alors que l'armée française dispose encore à ce moment-là de la supériorité sur le terrain, qu'elle va perdre par la suite. Seulement 3 bataillons allemands occupent la Rhénanie, et le général von Blomberg est prêt à battre en retraite en cas de riposte des troupes françaises. Mais Paris, bien plus préoccupé par l'invasion italienne de l'Éthiopie, n'a pas bougé, de même que Londres.

Mussolini, d'abord hostile à Hitler et au nazisme, défenseur de l'indépendance de l'Autriche et favorable à une alliance militaire pour encercler l'Allemagne, est cependant dégoûté de voir la France et la Grande-Bretagne, les deux plus grandes puissances coloniales de l'époque, lui donner des leçons d'anticolonialisme en 1935-1936. Après bien des hésitations, il se rapproche finalement de l'Allemagne. La clé du succès des Alliés en 1918, avec l'alliance militaire française, britannique et italienne, forte de 227 divisions à ce moment-là, vole en éclats en 1936, à la grande satisfaction d'Adolf Hitler. Il n'aura pas à combattre sur deux fronts, contre la France et l'Italie, situation militaire qui fut fatale à l'Allemagne et à l'Autriche-Hongrie en 1918. D'autant que le danger russe est également écarté par le Pacte germano-soviétique en août 1939.

La stratégie du blocus maritime des flottes franco-britanniques contre l'Allemagne est judicieuse durant la « drôle de guerre », de septembre 1939 à mai 1940. Il s'agit d'asphyxier économiquement l'Allemagne. Mais cela pousse également Hitler à déclencher son offensive rapidement, le 10 mai 1940, sachant que le temps joue contre lui. Il ne peut attendre trop longtemps, car la France et la Grande-Bretagne rattrapent peu à peu leur retard dans le domaine de la production des avions militaires.

Cependant, en juin 1941, Hitler tombe dans le piège de la guerre sur deux fronts principaux, l'un contre les Britanniques et l'autre contre les Soviétiques. Ces Britanniques qui peuvent poursuivre le conflit en grande partie grâce au sacrifice de l'armée française en 1940, sans oublier l'apport des États-Unis par la suite.

La défaite de 1940 est donc avant tout celle d'une partie des élites militaires et politiques franco-britanniques, médiocres et incompétentes, refusant de voir à temps le danger du nazisme, préparant par la suite des plans délirants, faisant sans le savoir le jeu de la Wehrmacht.

Sources principales

Archives militaires françaises, Vincennes.
Archives militaires allemandes, Fribourg-en-Brisgau.
Archives militaires britanniques, Londres.
Archives militaires belges, Bruxelles.
Archives militaires italiennes, Rome.
Archives municipales de Dunkerque.
Archives du musée militaire de la poche de Dunkerque.

Laurent Henninger, Thierry Widemann, *Comprendre la guerre. Histoire et notions*, Perrin, 2012.

Robert Paxton, *La France de Vichy 1940-1944*, Le Seuil, 1973.

Sir Basil Liddell Hart, *Histoire de la Seconde Guerre mondiale. La guerre totale*, Fayard, 1973.

Bush à oreille. Les nouveaux Amuse-Bush, Le Cherche midi, 2003.

Jacques Riboud, *Souvenirs d'une bataille perdue (1939-1940)*, éditions JRSC, 1995.

Jean-Claude Delhez, *La Déroute française de 1940 : la faute aux Belges ?*, éditions Economica, 2015.

Walter Lord, *Le Miracle de Dunkerque*, Robert Laffont, 1983.

Jacques MORDAL, *Dunkerque*, éditions France-Empire 1968.

Jean MEYER, *La Bataille de Dunkerque et la Tragédie du Sirocco*, imprimerie Egullion, 1975.

Jean LOPEZ (dir.), avec Nicolas AUBIN, Vincent BERNARD, Nicolas GUILLERAT, *Infographie de la Seconde Guerre mondiale*, Perrin, 2018.

René LE GENTIL, *La Tragédie de Dunkerque de mai-juin 1940*, éditions Magne, 1955.

Éric LEFÈVRE, *Dunkerque 26 mai – 4 juin 1940*, Lavauzelle, 1981.

David DIVINE, *Les 9 jours de Dunkerque*, Calmann-Lévy, 1964.

Jean BEAUX, *Dunkerque 1940*, Les Presses de la Cité, 1967.

Wolf VAN AAKEN, *Les Quatre Tournants de la guerre à l'Ouest*, Les Presses de la Cité, 1966.

Général J. ARMANGAUD, *Le Drame de Dunkerque*, Plon, 1948.

Amiral AUPHAN et Jacques MORDAL, *La Marine française dans la Seconde Guerre mondiale*, éditions France-Empire 1976.

A. J. BARKER, *Dunkirk, The Great Escape*, Dent and Sons, 1977.

Robert BÉTHÉGNIES, *Le Sacrifice de Dunkerque*, Demailly, 1947.

Serge BLANCKAERT, *L'Infernale Bataille de Dunkerque 1940*, éditions Le Phare de Dunkerque, 1977.

Albert CHATELLE, *Dunkerque ville ardente*, Ozanne, 1955.

Richard COLLIER, *Miracle à Dunkerque*, Les Presses de la Cité, 1961.

Hervé Cras, *Dunkerque*, éditions France-Empire, 1960.

Général A. Doumenc, *Dunkerque et la campagne des Flandres*, Arthaud, 1947.

Maurice Frézouls, *Les Derniers Combats de Dunkerque*, éditions du Tarn, 1962.

Nicholas Harmann, *Dunkirk, The Necessary Myth*, Hodder and Stoughton, 1980.

John Harris, *Dunkirk, The Storms of War*, David and Charles, 1980.

Hans-Adolf Jacobsen, *Dünkirchen*, Kurt Vowinckel, 1958.

Général de La Laurencie, *Les Opérations du 3e corps d'armée*, Lavauzelle, 1948.

Patrick Oddone, *Dunkerque l'extrême, 1939-1945*, A. Sutton, 2008.

Hervé Hasquin, *Historiographie et politique en Belgique*, éditions IJD-ULB, 1996.

Patrick Turnbull, *Dunkirk*, Bastsfort, 1978.

Pierre Béarn, *De Dunkerque à Liverpool*, Gallimard, 1941.

Docteur Jean Lacaux, *L'Ambulance chirurgicale. Dunkerque mai-juin 1940*, Arthaud, 1945.

Général Fagalde, « La bataille de Dunkerque », *Revue militaire suisse*, mars-juillet 1952.

W. Hubatsch, *Die 61. Infanterie Division*, Kiel, 1952.

Walter Lohmann et H. Hans, *Die Kriegsmarine*, Hans-Benning, 1956.

Général Bernhard von Lossberg, *Wehrmacht*, Nölke, 1950.

Maréchal Albert Kesserling, *Soldat jusqu'au dernier jour*, Lavauzelle, 1956.

Général Prioux, *Souvenirs d'une guerre*, Flammarion, 1947.

De Fabriebeckers, *La Campagne de l'armée belge en 1940*, Rossel, 1972.

Le Livre blanc de l'armée belge, établi par le secrétariat du roi, 1946.

Maréchal Erich von Manstein, *Victoires perdues*, Plon, 1958.

Général van Overstraeten, *Dans l'étau*, Plon, 1960.

Amiral sir Bertram Ramsay, « The Evacuation of the Allied Armies from Dunkirk », *London Gazette*, juillet 1947.

Docteur Victor Macquet et Marcel Trollé, « Le sacrifice de l'aéronautique navale à Berck, mai 1940 », *Les Cahiers de l'Ardhan*, n° 7, 2003.

Gilles Ragache, *La Fin de la campagne de France. Les combats oubliés des armées du Centre, 15 juin–25 juin 1940*, éditions Economica, 2010.

Bernard Horen, *Une bataille oubliée de la Seconde Guerre mondiale. Bataille de Stonne–Le Mont-Dieu –Tannay, 14-25 mai 1940*, éditions Association Ardennes 1940 à ceux qui ont résisté, Stonne, 2007.

Éric Denis, *La Bataille de Stonne, campagne de France 1940*, thématique n° 2, L'histoire militaire du xxe siècle, Histoire & Collections, 2008.

Karl-Heinz Frieser, *Le Mythe de la guerre éclair. La campagne de l'Ouest de 1940*, Belin, 2003.

Jean-Louis Crémieux-Brilhac, *Les Français de l'an 40*, Gallimard, 1990.

Raymond Cartier, *La Seconde Guerre mondiale*, Larousse et Paris Match, 1978.

Pierre Rocolle, *La Guerre de 1940. La défaite, 10 mai-25 juin*, Armand Colin, 1990.

Yves Buffetaut, « Blitzkireg à l'Ouest, Belgique et Nord, 1940 », *Militaria*, n° 8, collection « Hors-série », Histoire & Collections, 1993.

Henri Amouroux, *Le Peuple du désastre, 1939-1940. La grande histoire des Français sous l'Occupation*, Robert Laffont, 1976.

Claude Paillat, *Le Désastre de 1940. La guerre éclair, 10 mai–24 juin 1940*, Robert Laffont, 1985.

John Keegan, *La Deuxième Guerre mondiale*, Perrin, 1989.

Maréchal Rommel, *La Guerre sans haine*, carnets présentés par Liddell-Hart, Amiot-Dumont, 1952.

Pierre Miquel, *La Seconde Guerre mondiale*, Fayard, 1986.

Gérard Saint-Martin, *L'Arme blindée française. Mai-juin 1940, les blindés français dans la tourmente*, préface de Pierre Messmer, éditions Economica, 1998.

François Vauvillier (dir.), « Guerre, blindés et matériel », n° 74 au n° 94, Histoire & Collections.

Robert Marcy, *La Bataille de Rethel*, éditions Terres ardennaises, 1990.

Paul Billotte, *Le Temps des armes*, Plon, 1972.

Claude Gounelle, *Sedan 1940*, Les Presses de la Cité, 1980.

Colonel Jean Delmas, colonel Paul Devautour, Éric Lefèvre, *Mai-juin 1940, les combattants de l'honneur*, Copernic, 1980.

Michel Baudier et José Bouchez, *Les Combats de Stonne, Tannay, Oches, Sommauthe, du 14 mai au 11 juin 1940*, imprimerie Félix, 1997.

Raymond Belly, *La Première Division d'infanterie coloniale dans la campagne de France de 1940*, imprimerie Taffard, 1957.

Jean GISCLON, *Les Grandes Aventures de la chasse française de 1939 à 1945*, éditions France-Empire, 1983.

Stéphane FERRARD, *Les Matériels de l'armée de terre française en 1940*, Lavauzelle, 1982.

Stéphane BONNAUD, avec le concours de François VAUVILLIER, *Chars B au combat, hommes et matériels du 15e BCC*, Histoire & Collections, 2002.

Patrick DE GMELINE, 1939-1940. *Batailles pour la France*, Les Presses de la Cité, 1989.

Général GAMELIN, *Servir*, Plon, 1947.

Général GUDERIAN, *Souvenirs d'un soldat*, Plon, 1954.

Frédéric POTTECHER, *Le Procès de la défaite. Riom, février-avril 1942*, Fayard, 1989.

Charles DE GAULLE, *Mémoires de guerre*, Plon, 1954.

Yves BUFFETAUT, *De Gaulle chef de guerre, 15 mai–6 juin 1940*, éditions Heimdal, 1990.

Jean-Paul PALLUD, *Blitzkrieg à l'Ouest, mai-juin 1940*, éditions Heimdal, 2000.

Henry DE WAILLY, *De Gaulle sous le casque. Abbeville 1940*, Perrin, 1990.

Henry DE WAILLY, *La Victoire évaporée. Abbeville 1940*, Perrin, 1995.

Christine LEVISSE-TOUZÉ (dir.), *La Campagne de 1940*, Tallandier, 2001.

Marc-André FABRE, *Avec les héros de 40*, Hachette, 1946.

Winston CHURCHILL, *Mémoire sur la Deuxième Guerre mondiale*, éditions La Palatine, 1949.

Julian JACKSON, *The Fall of France. The Nazi Invasion, 1940*, Oxford University Press, 2003.

Lutz KOCH, *Rommel*, Plon, 1950.

Roger Bruge, *Faites sauter la ligne Maginot ! Non, le soldat français de 40 n'a pas démérité*, Fayard, 1973.

Roger Bruge, *Offensive sur le Rhin*, Fayard, 1977.

Roger Bruge, *Les Combattants du 18 juin*, Fayard, 1988.

Jean-Pascal Soudagne, *La Ligne Maginot*, éditions Ouest-France, 2004.

Henri Béraud, *Bataille des Alpes, juin 1940*, éditions Heimdal, 1987.

Patrick Facon, *L'Armée de l'air dans la tourmente. La bataille de France 1939-1940*, éditions Economica, 1997.

Colonel Groussard, *Chemins secrets*, Bader-Dufour, 1948.

Eddy Bauer, *La Dernière Guerre*, Grange Batelière, 1973.

P. Berben et B. Iselin, *Les panzers passent la Meuse*, Robert Laffont, 1967.

Alphonse Goutard, *Là Guerre des occasions perdues*, Hachette, 1956.

Franz Halder, *Kiegstagebuch, vom polenfeldzug bis zum Ende der Westoffensive*, W. Kohlhammer, 1962.

Hans-Adolf Jacobsen, *Dokmente zum westfelduz 1940*, Musterschmidt, 1980.

Hans-Adolf Jacobsen, *Fall Gelb, der Kampf um deutschen Operations plan zur Westoffensive 1940*, Franz Steiner, 1957.

Maxime Weygand, *Rappelé au service*, Flammarion, 1950.

Jean-Pierre RICHARDOT, *100 000 morts oubliés. La bataille de France, 10 mai–25 juin 1940*, Le Cherche midi, 2009.

Ronald MCNAIR, *Mai-juin 1940. Les blindés français*, éditions Heimdal, 1990.

André BEAUFRE, *Le Drame de 1940*, Plon, 1965.

Michel BERTRAND, *La Marine française au combat, 1939-1945*, éditions Lavauzelle, 1982.

Général BOURRET, *La Tragédie de l'armée française*, éditions La Table Ronde, 1947.

Maurice VAISSE (dir.), *Mai-juin 1940. Défaite française, victoire allemande, sous l'œil des historiens étrangers*, Autrement, 2000.

Jacques BENOIST-MÉCHIN, *Soixante jours qui ébranlèrent l'Occident*, Robert Laffont, 1981.

Lionel RABIET, Bastien MIQUEL, Philippe FAVERJON et Carola STRANG, *La Campagne de France, mai 1940*, Le Figaro, 2009.

Albert RÈCHE, *Fors l'honneur !*, Flammarion, 1943.

Marc LAMI, *Un peu de gloire, un peu d'humour et beaucoup de sang*, éditions de l'Écureuil, 1945.

Erik BARBANSON, « 1940 Preux nous demeurons, l'épopée du 6e GRDI », *Batailles & Blindés*, hors-série n° 3, éditions Caraktère, 2006.

Jean-Paul AUTANT, avec le témoignage et la contribution de Jean-Pierre LEVIEUX, *La Bataille de Stonne, mai 1940. Un choc frontal durant la campagne de France*, Bénévent, 2009.

John WEEKS, *Armes légères de la Seconde Guerre mondiale*, éditions Atlas, 1979.

Jean-Robert GORCE, *Histoire de guerre*, n° 15, mai 2001.

Table des matières

Ouvrages du même auteur

L'Italie en guerre : 1915-1918, éditions Ulysse, 1986.

Les Guerres de Mussolini, Jacques Grancher, 1988.

Connaître les châteaux du Périgord, éditions Sud Ouest, 1989.

La Résistance dans le Sud-Ouest (préface de Jacques Chaban-Delmas), éditions Sud Ouest, 1989.

L'Épopée du corps franc Pommiès, Jacques Grancher, 1990.

Le Sud-Ouest mystérieux, éditions Sud Ouest, 1990.

L'Affaire Grandclément, éditions Sud Ouest, 1991.

Le Livre d'or de la Résistance dans le Sud-Ouest, éditions Sud Ouest, 1991.

Bordeaux pendant l'Occupation, éditions Sud Ouest, 1992.

Les Contes populaires de toutes les Pyrénées, éditions Sud Ouest, 1992.

Les Grands Crimes du Sud-Ouest, éditions Sud Ouest, 1993.

Les FFI au combat, Jacques Grancher, 1994.

Souvenirs de la guerre 1939-1945, éditions Sud Ouest, 1995.

La Montagne de lumière (roman), Lucien Souny, 1995.

Gabriele d'Annunzio en France 1910-1915, éditions J & D, 1997.

Mussolini, éditions Chronique, 1997.

Rommel, éditions Chronique, 1998.

La Poche du Médoc 1944-1945, éditions CMD, 1998.

Jacques Chaban-Delmas, éditions CMD, 1998.

Bordeaux et Arcachon à la Belle Époque, éditions CMD, 1998.

Bordeaux brûle-t-il ? La libération de la Gironde : 1940-1945, Les Dossiers d'Aquitaine, 1998.

Biarritz à la Belle Époque, éditions CMD, 1998.

Les Corridas de Bayonne, éditions CMD, 1999.

Bordeaux, la base sous-marine : 1940-1944, éditions CMD, 1999.

Bernadette Soubirous, éditions CMD, 1999.

Les Échassiers des Landes, éditions CMD, 1999.

Périgord, l'aventure de la Préhistoire, éditions CMD, 1999.

Périgord, histoire de la truffe, éditions CMD, 1999.

Histoire de la France militaire et résistante, éditions du Rocher, 2000.

Aquitaine, histoire de la Résistance, éditions CMD, 2000.

Limousin, histoire de la Résistance, éditions CMD, 2001.

Orthon le farfadet et autres histoires mystérieuses de l'Aquitaine, éditions du Rocher, 2001.

Jean-Pierre Schnetzler, itinéraire d'un bouddhiste occidental, Desclée de Brouwer, 2001.

L'Affaire de Bentzmann, 1939-1945, Les Chemins de la mémoire, 2002.

La Poche de Royan, 1939-1945, Les Chemins de la mémoire, 2002.

Les Combats victorieux de la Résistance dans la libération : 1944-1945, Le Cherche midi, 2002.

Les Voies de la sérénité, les grandes religions et l'harmonie intérieure, Philippe Lebaud, 2002.

Regards chrétiens sur le bouddhisme, de la diabolisation aux convergences, éditions Dervy, 2002.

Histoires mystérieuses du Sud-Ouest, Les Chemins de la mémoire, 2002.

La Bataille des cadets de Saumur, juin 1940. Les Chemins de la mémoire, 2002.

La Libération du Sud-Ouest, 1944-1945, Les Chemins de la mémoire, 2003.

Le Grand Livre des fantômes, éditions Trajectoire, 2003.

Lama Namgyal, vie et enseignement d'un moine bouddhiste occidental, Presses de la Renaissance, 2003.

Arcachon : pages de son histoire, Les Chemins de la mémoire, 2003.

Visite historique de Bayonne, Les Chemins de la mémoire, 2003.

Visite historique de Biarritz, Les Chemins de la mémoire, 2003.

Visite historique de Bordeaux, Les Chemins de la mémoire, 2003.

Visite historique du bassin d'Arcachon, Les Chemins de la mémoire, 2003.

Les Plages du débarquement, Les Chemins de la mémoire, 2003.

La France combattante de la victoire : 1944-1945, Les Chemins de la mémoire, 2003.

La Poche de La Rochelle : 1944-1945, Les Chemins de la mémoire, 2003.

Rommel (biographie), la fin d'un mythe, Le Cherche midi, 2003.

Les Chercheurs d'absolu, éditions du Félin, 2003.

Lama Guendune, un grand maître tibétain en France, Oxus, 2003.

Les Vies antérieures, des preuves pour la réincarnation, éditions du Félin, 2004.

Histoire de la presse en France, éditions De Vecchi, 2004.

Les Voies spirituelles du bonheur (yoga, bouddhisme, oraison, soufisme), éditions infolio, 2005.

Les Jésuites, éditions De Vecchi, 2005.

Comme des lions : mai-juin 1940. Le sacrifice héroïque de l'armée française, Calmann-Lévy, 2005.

Les Templiers, éditions De Vecchi, 2005.

Les Grandes Affaires de la Résistance, Lucien Souny, 2005.

La Réincarnation, histoires vraies, éditions Trajectoire, 2006.

Les Missionnaires, éditions De Vecchi, 2006.

C'est nous les Africains. L'épopée de l'armée française d'Afrique, 1940-1945, Calmann-Lévy, 2006.

Histoires extraordinaires du bouddhisme tibétain, éditions Infolio, 2006.

Les Grands Ordres militaires et religieux, éditions Trajectoire, 2006.

Histoires extraordinaires de la Seconde Guerre mondiale, Lucien Souny, 2006.

Jean Moulin, éditions Infolio, 2007.

La Dérive intégriste, Acropole, 2007.

La Libération de la France, Lucien Souny, 2007.

Lieux de pèlerinages et grandes processions, éditions Trajectoire, 2007.

Mers el-Kébir, juillet 1940, Calmann-Lévy, 2007.

Lourdes la miraculeuse, éditions Trajectoire, 2008.

Les Poches de l'Atlantique : 1944-1945, Lucien Souny, 2008.

Les 35 plus grandes affaires criminelles, éditions Trajectoire, 2008.

La Guerre italo-grecque : 1940-1941, Calmann-Lévy, 2008.

Les Victoires militaires françaises de la Seconde Guerre mondiale, Lucien Souny, 2009.

La Bataille de Bir Hakeim, une résistance héroïque, Calmann-Lévy, 2009.

Convergences chrétiennes et bouddhistes, Oxus, 2009.

Les Grandes Figures de la Résistance, Lucien Souny, 2009.

Les Mystères des manuscrits de la mer Morte, éditions De Vecchi, 2009.

Les Mystères des prophéties, éditions De Vecchi, 2009.

Spectres, esprits et apparitions, éditions De Vecchi, 2009.

Le Bouddhisme vu par la science, Oxus, 2010.

La Bataille de France jour après jour : mai-juin 1940, Le Cherche midi, 2010.

Croyances et légendes populaires, éditions De Vecchi, 2010.

La bataille de Stonne, Ardennes 1940, Perrin, 2010.

L'Apport capital de la France dans la victoire des Alliés, 1914-1918 et 1939-1945, Le Cherche midi, 2011.

La Bataille de Dunkerque, 26 mai – 4 juin 1940, Tallandier, 2011.

39-45. Les soldats oubliés, ceux dont l'Histoire ne parle plus, Jourdan, 2012.

L'Armée française pour les nuls, First, 2012.

Koenig, l'homme de Bir Hakeim, éditions du Toucan, 2012.

La Libération de la France jour après jour : 1944-1945, Le Cherche midi, 2012.

Histoire générale de la Résistance française, Lucien Souny, 2012.

La Résistance, Gründ, 2012.

La Gestapo et les Français, éditions Pygmalion, 2013.

Légendes et fadaises de la Seconde Guerre mondiale, Jourdan, 2013.

Histoires extraordinaires de la Résistance française, Le Cherche midi, 2013.

La Résistance pour les nuls, First, 2013.

Fiers de notre histoire, First, 2013.

Les Crimes nazis lors de la Libération de la France : 1944-1945, Le Cherche midi, 2014.

12 trains qui ont changé l'Histoire, éditions Pygmalion, 2014.

La Bravoure méconnue des soldats italiens, 1914-1918 & 1939-1945, éditions Altipresse, 2014.

Gabriele d'Annunzio ou le Roman de la Belle Époque, éditions du Rocher, 2014.

Les Opérations commandos de la Seconde Guerre mondiale, Nouveau Monde Éditions, 2014, Poche, 2016.

Les Grandes Figures de la Résistance française, éditions Sud Ouest, 2014.

Combats oubliés, résistants et soldats français dans les combats de la Libération : 1944-1945, éditions du Toucan – L'Artilleur, 2014.

Éloge de l'armée française, Pierre de Taillac, 2014.

La France s'est faite à coups d'épée. L'épopée des grandes batailles d'Hastings à la Libération, Armand Colin, 2015.

Histoires extraordinaires de la guerre aérienne, 1939-1945, éditions JPO, 2015.

Histoires incroyables et héroïques de la Résistance, éditions JPO, 2015.

Bordeaux sous l'Occupation, Geste Éditions, 2015.

Alain Juppé sans masque, First, 2016.

Histoires extraordinaires de la Seconde Guerre mondiale, Le Cherche midi, 2016.

Histoires incroyables de la guerre 1939-1945, Métive Éditions, 2016.

Petite histoire du Pays basque, Geste Éditions, 2016.

La Poche du Médoc, 1944-1945, Geste Éditions, 2016.

La Libération du Sud-Ouest, Geste Éditions, 2016.

Les Grandes Affaires d'espionnage de la Ve République, First, 2016.

Histoire du Pays basque, Geste Éditions, 2016.

Le Mythe du sauveur américain, 1917-1918. Essai sur une imposture historique, Pierre de Taillac, 2017.

Jean-Claude Hubert, souvenirs de guerre d'un résistant, contre-espion et commando – 1939-1945, Geste Éditions, 2017.

La Charente sous l'Occupation, Geste Éditions, 2017.

Le Pays basque sous l'Occupation, Geste Éditions, 2017.

Le Lot-et-Garonne sous l'Occupation, Geste Éditions, 2017.

Les Landes sous l'Occupation, Geste Éditions, 2017.

Les 100 000 collabos, le fichier interdit de la collaboration française, Le Cherche midi, 2017.

Ces chrétiens qui ont résisté à Hitler, Artège, 2018.

SS français, récits, lettres et témoignages inédits de la SS Charlemagne, Jourdan, 2018.

Nouvelles histoires extraordinaires de la Résistance. 16 récits inédits de héros qui ont sauvé la France, Alisio-Leduc.s, 2018.

Les Années interdites. Auteurs, journalistes et artistes dans la Collaboration, éditions de l'Archipel, 2018.

Les Grandes Affaires de la Libération, 1944-1945, Alisio-Leduc.s, 2019.

Les Vérités cachées de la Seconde Guerre mondiale, éditions du Rocher, 2019.

Histoires extraordinaires de miracles et d'apparitions. Enquêtes et récits sur l'invisible dans les traditions chrétiennes et bouddhistes, Leduc.s, 2019.

Jésus l'universel. L'histoire d'un message spirituel, Alisio-Leduc.s, 2019.

Dans la même collection

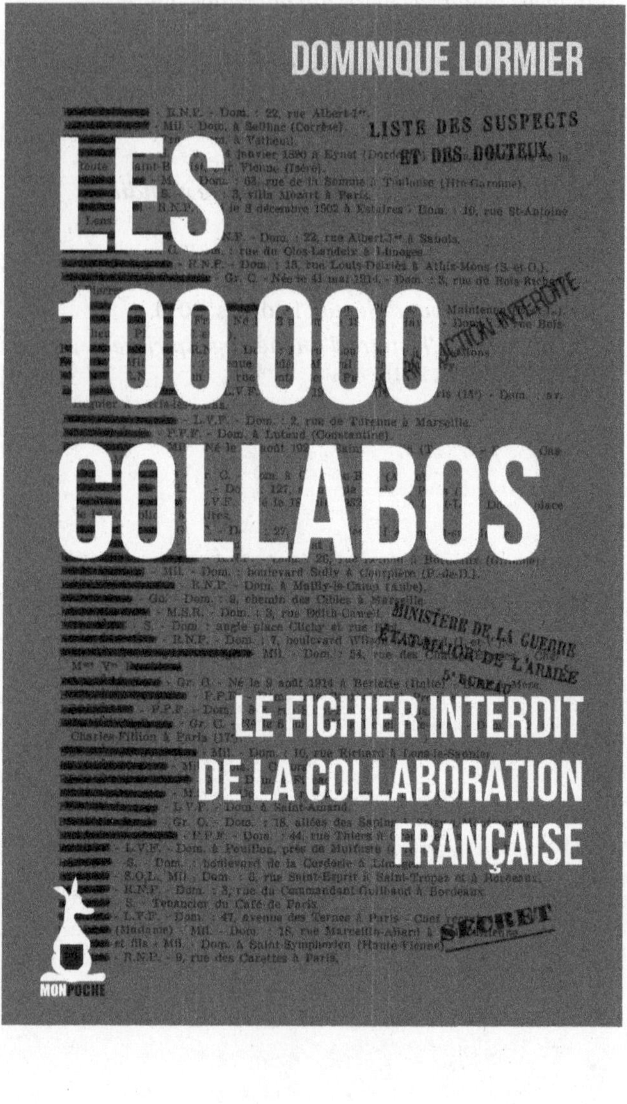

Dans la même collection

Dans la même collection

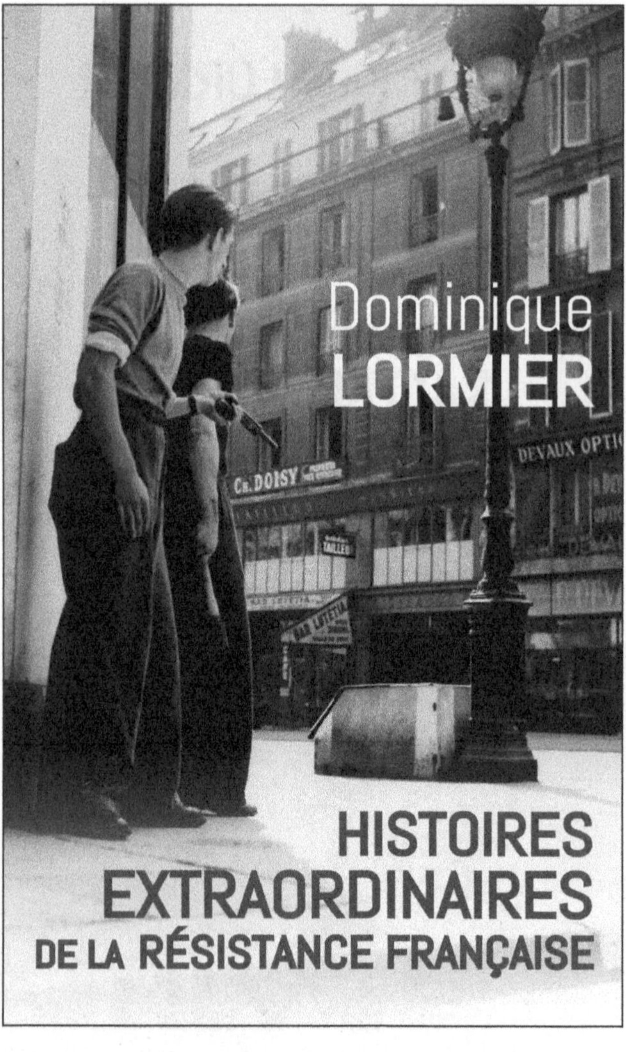

Dans la même collection

Dans la même collection

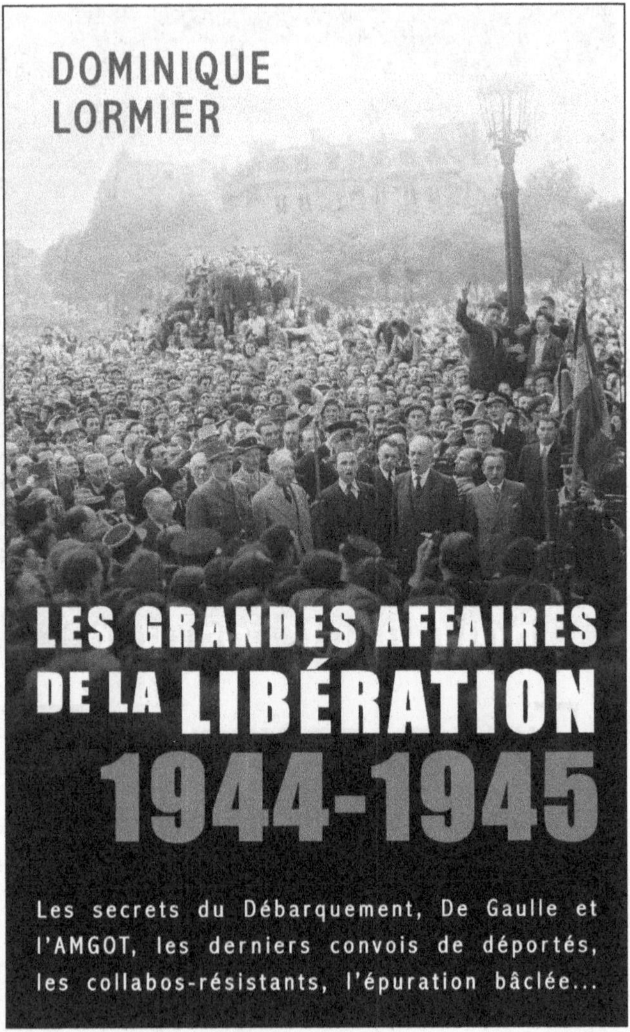

Dans la même collection

30 histoires insolites qui ont fait la médecine, Jean-Noël Fabiani
À la folie, Clémentine Célarié
Affaires de famille, Agnès Naudin
Aliénor, l'insoumise, Isaure de Saint Pierre
Avec vue sur la mer, Didier Decoin
Blanquette, Laure Buisson
Bon à rien, Natalie David-Weill
Cabale pyramidion, Samuel Delage
Ces nazis qui ont échappé à la corde, Jean-Paul Picaper
Code Salamandre, Samuel Delage
Dans la tête de Donald Trump, Anne Toulouse
Dans son cœur sommeille la vengeance, Sonia Mabrouk
Déjeuner en paix, Charlotte Gabris
Deux femmes dans la tourmente, Teresa Messineo
Donne-moi des fils ou je meurs, Maud Jan-Ailleret
Et vous, vous y croyez ?, Hubert Prolongeau
Gump & Cie, Winston Groom
Harry et Franz, Alexandre Najjar
Histoires extraordinaires de la Résistance française 1940-1945, Dominique Lormier
Histoires extraordinaires de la Seconde Guerre mondiale, Dominique Lormier
Impasse Verlaine, Dalie Farah
J'ai décidé de vivre, David Milliat, Christophe Henning
Je suis né à 17 ans..., Thierry Beccaro
Johnny, le guerrier, Gilles Lhote
Juliette de Saint-Tropez, Valentin Spitz
L'écriture du monde, François Taillandier
L'homme qui fuyait le Nobel, Patrick Tudoret
L'odeur de l'herbe après la pluie, Patrick Jacquemin
La croix et le croissant, François Taillandier

Dans la même collection

La Fille du delta, Frédérick d'Onaglia
La petite bibliothèque du bonheur, Felicity Hayes-McCoy
La petite fille du phare, Christophe Ferré
La sœur du Roi, Alexandra de Broca
La Vengeance du loup, Patrick Poivre d'Arvor
La vie sauvage des femmes, Bénédicte Brézillon
Lâcher prise, Benoît Aymonier
Le Faux Pas, Frédérick d'Onaglia
Le Pacte interdit, Henri Bellotto
Le Parrain et le Rabbin, Sam Bernett
Le Pays d'où l'on ne revient jamais, Julien Thèves
Le petit café du bonheur, Felicity Hayes-McCoy
Le peuple des abattoirs, Olivia Mokiejewski
Le Soleil rouge du tsar, Violette Cabesos
Le Squale, Francine Kreiss
Le Tableau, Laurence Venturi
Les 100 000 collabos, Dominique Lormier
Les Grandes Affaires de la Libération, Dominique Lormier
*Les infirmières de Notre-Dame, * Flavie*, Marylène Pion
*Les infirmières de Notre-Dame, ** Simone*, Marylène Pion
*Les infirmières de Notre-Dame, *** Évelina*, Marylène Pion
*Les infirmières de Notre-Dame, **** Les* Nursing Sisters, Marylène Pion
Les jeunes femmes de 50 ans, Mylène Desclaux
Les femmes du Général, Gérard Bardy
Les sandales blanches, Malika Bellaribi
Mademoiselle dite Coco, Madeleine Mansiet-Berthaud
Merci maîtresse !, Anouk F.
Molière, chef de troupe, Francis Perrin
Mon cœur restera de glace, Éric Cherrière
Mon étrange sœur, Marie Le Gall

Dans la même collection

Mortelle tentation, Christophe Ferré
N'abandonnez jamais, ne renoncez à rien, Francis Huster
Nouvelles histoires extraordinaires de la Résistance, Dominique Lormier
On n'efface pas les souvenirs, Sophie Renouard
On s'aimera, Clémentine Célarié
Pourquoi je t'aime, Francis Huster
Poutine, Frédéric Pons
Quand Maman plantait des brosses à dents, Christelle Bardet
Quelle histoire !, Michèle Cotta
Requiem pour un chat, Olivier Bellamy
*Rumeurs d'un village, * La sentence de l'Allemand*, Marylène Pion
*Rumeurs d'un village, ** L'heure des choix*, Marylène Pion
Sortie(s) de secours, Caroline Langlade
Sous le manteau du silence, Claire Bergeron
Tyrannie, Richard Malka
Un écrivain, Laure Arcelin
Une aventure monumentale, Olivier Dutaillis
Vengeance à temps partiel (série *Sisterhood*), Fern Michaels
Zoo Station, David Downing

Imprimé en France par CPI
en avril 2021
N° d'impression : 2057351
Dépôt légal : juillet 2021
ISBN : 978-2-3791-3096-0

www.monpoche.fr